Langenscheidt

Beware of Pickpockets! – Vorsicht, Taschendiebe!

von Luisa Hartmann

Langenscheidt

Lektorat: Barbara Müller
Englischsprachiges Lektorat: Charlotte Collins
Zeichnungen: Anette Kannenberg
Umschlaggestaltung: init | Kommunikationsdesign, Bad Oeynhausen

Luisa Hartmann (Jahrgang 1958) lebt mit ihrer Familie in München. Sie schreibt Deutsch und Englisch und ist seit Jahren Mitglied in der englischsprachigen Online-Schreibgruppe IOWG. Neben Romanen für Kinder und Jugendliche schreibt sie 3-Minuten-Geschichten für das Vor- und Grundschulalter zum Vor- und Selberlesen.

www.krimis-fuer-kids.de
www.langenscheidt.com

1. Auflage 2021

Satz: tebitron gmbh, Gerlingen
Druck: Multiprint GmbH, Kostinbrod

ISBN 978-3-12-563430-5

Inhalt

Warum denn zweisprachig?

Vielleicht haben Sie sich gefragt, warum Langenscheidt zweisprachige Lektüren für Kinder anbietet? Schließlich vertreten doch Pädagogen die Meinung, dass Schüler beim einsprachigen Unterricht am meisten lernen.

Was für den Schulunterricht richtig ist, gilt nicht unbedingt für Lektüren. Stellen Sie sich einmal vor, Ihr Kind lernt erst seit zwei oder drei Jahren Englisch und soll einen rein englischen Text lesen: Ein einfacher Text wird inhaltlich für Ihr Kind eher langweilig sein, weil man mit wenigen Vokabeln eben noch keine spannende Geschichte erzählen kann. Interessante Texte hingegen sind oft vom Vokabular und der Grammatik zu schwierig, sodass Ihr Kind nicht mitkommt.

Um Englisch für Ihr Kind leichter und spannender zu machen, sind unsere Lektüren daher zweisprachig.

Hauptfiguren unserer Lektüren sind immer deutsche Kinder, die aus einem bestimmten Grund mit der englischen Sprache konfrontiert werden, sie im Zusammenhang mit ihren Erlebnissen lernen und dabei durchaus auch Schwierigkeiten haben.

Die altersgerechte, fesselnde Handlung wird – aus der Perspektive der Hauptfiguren – auf Deutsch erzählt. Wenn diese sich aber mit englischen Kindern unterhalten, müssen sie natürlich Englisch sprechen. Die Dialoge sind daher auf Englisch.

Durch die Zweisprachigkeit wird Ihr Kind auf seinem Niveau abgeholt. Die Erfolgserlebnisse steigern die Motivation, wodurch wiederum das Lernen der neuen Wörter und Wendungen erleichtert wird.

Von all diesen Überlegungen bekommt Ihr Kind aber nichts mit. Es liest die Lektüre einfach mit Spaß und lernt ganz nebenbei, dass Englisch gar nicht so schwer ist.

Der Filmstar

Britta wälzte sich von einer Seite auf die andere, aber an Schlaf war nicht mehr zu denken. Kevin brüllte wie am Spieß. Seufzend schaute sie auf ihren Wecker. Zwanzig nach sieben. Sie wollte sich erst um neun mit Alison treffen, da hätte sie gut und gerne noch eine Stunde schlafen können.
Wenn sie jetzt aber schon mal wach war, konnte sie genauso gut aufstehen und mit den anderen frühstücken. Träge schob sie die Beine aus dem Bett, suchte mit den Füßen nach ihren Pantoffeln, schlüpfte in ihren Morgenmantel und ging zur Tür.
Mama schien in Kevins Zimmer zu sein, wahrscheinlich wickelte sie den kleinen Hosenscheißer gerade. Britta musste unwillkürlich kichern. Das passte. Robert sang in der Dusche, also schlurfte Britta zur Gästetoilette, ging aufs Klo und machte eine extrem kurze Katzenwäsche. Zum ausgiebig Duschen war nach dem Frühstück noch Zeit. Zurück in ihrem Zimmer schlüpfte sie in Jeans und T-Shirt.
Robert saß bereits in der Küche am gedeckten Tisch und las im Kulturteil der *Wiener Zeitung*. "Good morning, Britta", sagte er freundlich. "Tea or chocolate?"
"Good morning", erwiderte Britta. "Tea **would be** nice, please."

---

would be wäre

Robert goss ihr eine große Tasse ein und verzog sich wieder hinter die Zeitung. Britta schlürfte den heißen Tee und genoss die Ruhe.
Das Verhältnis zwischen ihr und Robert war nicht immer so entspannt gewesen. Als ihre Mutter ihr vor gut einem Jahr eröffnet hatte, dass sie ihren damaligen Freund, einen Engländer, heiraten würde, war das ein großer Schock für Britta gewesen. Nicht, dass sie Robert nicht gemocht hätte. Aber insgeheim hatte Britta damals noch gehofft, ihre Eltern würden wieder zusammenkommen.
Und dann war da noch die Befürchtung gewesen, sie müsse womöglich zur neuen Familie nach Wien ziehen, doch die Erwachsenen hatten ihr versichert, dass sich nichts an dem einmal getroffenen Arrangement ändern würde: Britta sollte weiterhin mit ihrem Vater in München leben und konnte ihre Mutter und Robert in den Ferien in Wien besuchen.
Britta liebte ihre Mutter, aber in München hatte sie all ihre Freunde, dort ging sie zur Schule und kannte sich aus. In Wien drehte sich alles nur um die Oper, den Heurigen und die Politik, das fand Britta ziemlich langweilig. Robert, der als Gesangslehrer arbeitete, versuchte zwar immer wieder, sie für die Oper zu begeistern, doch bisher war ihm das nicht gelungen.
Britta seufzte.
"**What's wrong?**", wollte Robert wissen.

What's wrong? Was ist los?

"**I'm going to meet** Alison", sagte Britta und zog eine Grimasse. "She's going to be a **movie star**!"
"I **thought you didn't like** her", sagte Robert erstaunt.
"**Well**, yes, she's **not exactly** a friend", gab Britta zu. "But ..." Sie zögerte, bevor sie fortfuhr: "She's the **only person** under fifteen I know in Vienna."
Robert legte die Zeitung auf den Tisch und schaute Britta ernst an.
"I know it's a problem **that you don't have** friends **here**", sagte er. "But maybe Alison can help you **find some**."
Britta bezweifelte das. Zum einen war Alison zwei Jahre älter als sie und hatte ganz andere Interessen, zum anderen war sie eine eingebildete Kuh, die nur eines im Kopf hatte: Sie wollte ein Filmstar werden.

I'm going to ich werde
meet treffen
movie star Filmstar
thought dachte
you didn't like du mochtest nicht
well *hier:* also; nun
not nicht
exactly genau; *hier*: gerade
only person einzige Person
that you don't have dass du keine . . . hast
here hier
find finden
some einige; welche

"Guten Morgen, mein Schatz", sagte Brittas Mutter, als sie mit Kevin auf dem Arm in die Küche kam. Sie drückte Britta im Vorbeigehen einen Kuss auf den Hinterkopf.
"Good morning, **darling**", sagte sie zu Robert. "**Would you** give me a cup of coffee, please?"
Während Robert den Kaffee einschenkte, setzte Brittas Mutter Kevin in seinen Babystuhl.
"Where's my **little humming bird**?", sagte sie zu ihrem Sohn, der sie anstrahlte und Luftblasen blubberte.
Britta kicherte. Humming bird? War das nicht ein Kolibri? Das passte ja nun überhaupt nicht zu diesem kleinen Schreihals. Aber sie musste zugeben, dass er schon niedlich war, mit seinen dicken Ärmchen und den Pausbacken. Ein typisches Baby eben.
Robert erhob sich.
"**I have to** go **now**", sagte er. "**I've got** a **meeting** at nine."
Während er mit ihrer Mutter sprach, nahm Britta die Zeitung und las die Schlagzeile:

---

darling Liebling
would you würdest du
little klein
humming bird Kolibri
I have to ich muss
now jetzt
I've got ich habe
meeting Treffen; Konferenz

“Und was hast du heute vor?”, riss ihre Mutter Britta aus der Lektüre.

“Ich gehe mit Alison zum Prater. Sie hat dort eine Statistenrolle in irgendeinem Film ergattert.” Britta verzog das Gesicht.

Ihre Mutter strich ihr übers Haar.

“Ich weiß, im Moment ist es etwas schwierig. Kevin ist sehr anspruchsvoll, und ich kann mich nicht so um dich kümmern, wie ich das gerne würde.” Sie gab dem Baby einen Nasenstüber, was dieses mit einem lauten Kiekser honorierte.

“Es ist okay”, sagte Britta tapfer, obwohl sie die Zeiten, als sie alleine mit ihrer Mutter durch die Stadt ziehen konnte, sehr vermisste.

Sie sah zur Uhr. Zwanzig vor neun.

“Ich muss mich fertig machen, Alison kommt sicher gleich”, sagte sie und stand auf.

Sie war gerade dabei, ihren Rucksack zu packen, als es klingelte. Kurz darauf tönte eine schrille Mädchenstimme durch die Wohnung.
“Hi, Mrs Clayton, isn't it a nice day today? Did you hear that I **got** a **part** in a movie? Well, it's a small part but it's a start, right? I need to …”
Britta schaltete auf Durchzug. Zum Glück würde sie nur die Fahrt zum Prater überstehen müssen, dann konnte sie sich absetzen. Hoffte sie zumindest. Wenn sie Pech hatte, dauerte Alisons Einsatz aber nur ein paar Minuten und sie würde sich den restlichen Tag mit ihr beschäftigen müssen. Britta schüttelte den Kopf. Nein, Alison hatte ihr gestern Abend noch lang und breit am Telefon geschildert, wie wichtig ihre Rolle war.
“Britta, Alison ist hier. Bist du fertig?”, rief ihre Mutter.
“Ich komme gleich”, rief Britta zurück und schnaufte tief durch. Na, dann mal auf ins Abenteuer.
Alison schnatterte auf dem Weg zur U-Bahn in einem fort. Zum Glück schien sie keine Antworten zu erwarten, sodass Britta immer mal wieder ein “**Really?**” oder ein “How nice” einwarf, ansonsten aber ihren eigenen Gedanken nachhing.
Sie fuhren zwei Stationen zum Stephansplatz und

---

got *hier:* bekommen habe
part Rolle
really echt; wirklich

stiegen dort um in die Bahn Richtung Prater. Alison redete wie ein Wasserfall, und Britta war froh, als die Bandansage "Nächster Halt: Praterstern" säuselte.
"Oh, I'm **so excited**. In **a couple of** minutes we'll be **there**!", plapperte Alison.
"Yes", knurrte Britta und lief ihr hinterher. Sie folgten den Schildern *Zum Prater* und verließen die U-Bahnstation. Der Platz hinter dem Bahnhof war wie leer gefegt und machte einen tristen Eindruck. Sogar Alison war für einen Moment still.
Britta schmunzelte. Sie hatte doch nicht etwa erwartet, dass man sie an der U-Bahn abholen würde?
"I think we **should** go to the – what do you call **that**?", fragte sie und deutete auf das Riesenrad.
"**Ferris wheel**", erwiderte Alison.
"Ah", sagte Britta und zog das Mädchen mit sich. "Okay, let's go to the Ferris wheel and look for the film crew."
"Yes", flüsterte Alison eingeschüchtert. Ihr zur Schau getragenes Selbstbewusstsein war mit einem Mal wie weggeblasen. Britta unterdrückte ein Seufzen. Das konnte ja heiter werden!

---

so excited so aufgeregt
a couple of ein paar
there dort
should sollten
that das
Ferris wheel Riesenrad

Winnie

Sie liefen auf das große Riesenrad zu, das neben dem Stephansdom die meisten Reiseführer über Wien zierte. Es stand gerade still.

Britta runzelte die Stirn, als sie die ersten Buden erreichten und diese fest verrammelt fanden. Es waren kaum Menschen zu sehen, und wenn, dann sahen sie nicht gerade vertrauenswürdig aus. Und wo war der Filmset?

Alison war keine große Hilfe. Seit Tagen hatte sie über nichts anderes als ihren großen Triumph geredet, darüber, dass der Regisseur ihr großes Talent sicher sofort bemerken würde. Doch jetzt, kurz bevor es so weit sein sollte, hatte es ihr offensichtlich die Sprache verschlagen.

"What's wrong?", wollte Britta genervt wissen.

"I'm **a bit nervous**", gab Alison leise zu.

"**There's no need** to be nervous", sagte Britta. "You do what they tell you and **that's it**."

Alison schaute sie empört an. "It's not **that** easy", erwiderte sie. "I have to be good."

"**You will** be good", sagte Britta beschwichtigend.

---

a bit ein bisschen
nervous nervös
there's no need es gibt keinen Grund
that's it das war's
that *hier:* so
you will du wirst

"And **anyway**: you've **just** got a small part with no words, right? So there's no need **to worry**. **You can't get it wrong**."
Sie hatte sich diesen Seitenhieb nicht verkneifen können, aber Alison schien sowieso nicht zugehört zu haben, denn plötzlich stieß sie einen spitzen Schrei aus, der einer Darstellerin in einem Gruselfilm alle Ehre gemacht hätte.
"**Look**, there they are!", rief sie aufgeregt und zupfte an Brittas Pullover.
"Okay **then**, let's go", sagte Britta und ging los.
Der Set war ziemlich unspektakulär. Um einen Fiaker mit einem Apfelschimmel davor standen zirka zwanzig Leute herum. Den Weg entlang hatte man Schienen verlegt, auf denen ein Kamerawagen hin- und herfuhr.
"Hi, I'm Alison Straw", sagte Alison zum nächstbesten Kameramann. "I've got a part in this movie", ergänzte sie stolz.
Der Kameramann zeigte sich unbeeindruckt und deutete auf eine Frau in einem schäbigen Mantel.
Britta verzog sich. Sie wollte keinesfalls in das Ge-

---

anyway jedenfalls; sowieso
just nur
to worry (dir) Sorgen machen
you can't du kannst nicht
get it wrong *hier*: es falsch machen
Look! Schau!
then dann

schehen hineingezogen werden. Sie sah sich gerne Filme im Kino oder im Fernsehen an, aber die Filmerei an sich interessierte sie nicht die Bohne.

Sie setzte sich auf eine Parkbank, von der aus sie den perfekten Überblick hatte. Schnell fand sie ihre Meinung über das Filmen bestätigt – es war todlangweilig. Eine wirklich harmlose Szene wurde bestimmt zwanzig Mal wiederholt: Der Fiaker sollte um die Kurve biegen, ein Mann und eine Frau, offensichtlich auf der Flucht, sollten ihn anhalten, den Kutscher vom Bock drängen und mit der Kutsche auf und davon fahren.

Was einfach klang, stellte sich als ausgesprochen kompliziert heraus. Amüsiert sah Britta, dass entweder der Kutscher nicht schnell genug vom Bock sprang oder das Paar den Fiaker nicht elegant genug enterte. Immer hatte die Regisseurin etwas auszusetzen. Und wenn die Schauspieler endlich alles richtig machten, scheute das Pferd.

Britta fragte sich, wie man so etwas ernsthaft als Beruf machen wollen konnte. Ihr wurde auf ihrem Beobachtungsposten langweilig, und so lief sie in weitem Bogen um die Szenerie herum.

Der restliche Prater wirkte gespenstisch, mit den verlassenen Fahrgeschäften und ohne Menschen, die sich freuten und laut durcheinanderriefen. Britta entdeckte einen Jungen, der wie sie wohl nur bei den Dreharbeiten zuschauen wollte, denn er schlich in gebührendem Abstand um den Set herum. Seine Haut war braun wie Schokolade, seine Haare standen wirr vom Kopf ab. Seine Jeans war ziemlich abgewetzt, das T-Shirt hingegen sah neu aus. Um die Hüften hatte er einen Pullover geschlungen, seine nackten Füße steckten in Sandalen.

Er sah nett aus. Britta dachte, sie könnte ihn vielleicht ansprechen, um gemeinsam mit ihm die Wartezeit zu überbrücken. Vielleicht war ja seine Freundin am Set. Doch dann sah sie etwas, was ihren Atem stocken ließ. Der Junge hatte sich zum Stuhl des männlichen Hauptdarstellers geschlichen, schaute sich kurz nach rechts und links um und griff schnell in die Tasche, die neben dem Stuhl stand. Mit einem breiten Grinsen hielt er für den Bruchteil einer Sekunde etwas Dunkles in der Hand, bevor er es mit einer blitzschnellen Bewegung in einen Beutel steckte, den er quer über den Oberkörper trug.

Das gab's doch nicht. War Britta gerade Zeugin eines Diebstahls geworden? Und wieso hatte es sonst niemand bemerkt? Es liefen doch jede Menge Leute herum. Doch die waren alle mit dem Film beschäftigt, keiner achtete auf das, was außerhalb des Sets vor sich ging. Sehr leichtsinnig.

Britta kämpfte mit sich. Ihr Gerechtigkeitssinn sagte ihr, sie müsste den Jungen melden. Andererseits wollte sie sich nicht in fremde Angelegenheiten einmischen. Sie beschloss, erst einmal abzuwarten.

STEVE PLAYHILL

Der Junge war zwischen den Buden verschwunden, tauchte jetzt jedoch wieder auf. Mit angehaltenem Atem beobachtete Britta, wie er sich zu einem anderen Stuhl schlich, scheinbar interessiert dem Geschehen am Set zusah und ganz nebenbei aus einem Rucksack etwas entwendete.
Britta dachte an die Schlagzeile in der Zeitung. War er einer dieser Taschendiebe, die dort erwähnt waren? Was sollte sie tun?
Britta wandte sich ab. Was ging sie der fremde Junge an? Sollten die Filmleute doch besser auf ihre Sachen aufpassen. Langsam schlenderte sie durch die immer noch leeren Gassen und entdeckte einen Kiosk, der geöffnet hatte. Sie zögerte, denn an einem der Tischchen, die vor dem Kiosk aufgebaut waren, standen ein paar Männer, die keinen besonders sympathischen Eindruck auf sie machten. Aber sie hatte Durst und lief deshalb hin. Sie bestellte eine heiße Schokolade und ein Hörnchen, doch als sie zahlen wollte, konnte sie ihr Geld nicht finden.
"Verdammt, das gibt's doch nicht", flüsterte sie, als sie ihren Rucksack durchwühlte. Ihr Geldbeutel war nicht da.
"Tut mir leid, ich habe kein Geld dabei", sagte sie zu der Frau am Stand, in der Hoffnung, diese würde ihr den Kakao und das Hörnchen schenken. Aber die nahm die Sachen nur achselzuckend vom Tresen und schüttete die Schokolade in den Ausguss. Britta

starrte fassungslos der dampfenden Flüssigkeit hinterher. Das gab's doch nicht!
“Soll ich dich einladen?”, fragte einer der Männer. “So ein hübsches Ding wie du sollte nicht hungern müssen.” Der Typ grinste und zeigte ihr ein gelbes Gebiss voller Zahnlücken. Seine Kumpane lachten laut.
Britta schnappte ihren Rucksack und rannte voller Panik davon. Sie lief und lief, bis sie keine Luft mehr bekam und sich vollkommen erschöpft auf eine Bank fallen lassen musste.
Wie konnte das sein? Sie hatte doch ihren Rucksack sorgfältig gepackt. Wieso hatte sie kein Geld dabei? Ein Taschendieb? Womöglich der Junge? Er war ja sehr geschickt. Aber sie hatte ihren Rucksack keine Sekunde aus den Augen gelassen, es war nicht möglich. Und sie hatte extra noch zwanzig Euro eingesteckt, damit sie ausreichend Geld für den ganzen Tag hätte. Sie musste zurück und den Set absuchen. Vielleicht war ihr der Geldbeutel ja aus dem Rucksack gerutscht. Unwahrscheinlich, aber nicht unmöglich.
Britta stand entschlossen auf und musste feststellen, dass sie keine Ahnung hatte, wo sie sich befand. Die Praterauen waren so riesig, und sie war einfach drauflosgerannt. Na toll. Jetzt hatte sie sich zu allem Überfluss auch noch verlaufen.
Frustriert ließ Britta sich auf die Bank zurückfallen.

Ihre Ferien hatte sie sich eigentlich anders vorgestellt. Nur mit Mühe konnte sie die Tränen zurückhalten.
“Hey, what’s wrong?”, sagte plötzlich eine sanfte Stimme neben ihr.
Sie schreckte hoch. Neben ihr saß der dunkelhäutige Junge mit den wilden Haaren.
“**Leave me alone**”, stieß sie wütend hervor und rutschte an das äußerste Ende der Bank.
“**Sorry**, I **didn’t mean** to **scare** you”, sagte der Junge. “I thought you **might** need help.”
“I don’t need help”, sagte Britta trotzig und heulte plötzlich los.
“Take this.” Der Junge reichte ihr ein Taschentuch.
“Sssanks”, schniefte Britta, während sie sich schnäuzte und die Tränen wegwischte.
“**You’re welcome**”, erwiderte der Junge.
Sie schwiegen eine Weile. Britta unterdrückte ein paar Schluchzer und schnäuzte noch ein paar Mal. Vorsichtig schielte sie zu ihrem Banknachbarn. Er saß da und schaute sie freundlich an. Er war sicher älter als sie, vierzehn oder vielleicht sogar schon fünfzehn.

Leave me alone. Lass mich in Ruhe.
Sorry. Entschuldigung.
didn’t mean hatte nicht vor; wollte nicht
scare erschrecken
might (du) könntest
You’re welcome. Bitte sehr.

“Thanks”, wiederholte Britta.
“**My pleasure**”, erwiderte er. “Always happy to help.”
Seine Haare standen wirklich wirr vom Kopf ab. Obwohl – eigentlich stimmte das gar nicht. Witzige kleine Rastazöpfe vermittelten nur den Eindruck. Eigentlich sah er nett aus. Aber er war ja ein Dieb.
“Hey”, sagte er, als er ihren Blick bemerkte. “**You’re not afraid of** me, **are you**?”
Britta schüttelte den Kopf. Er sollte nicht denken, dass sie ihn wegen seiner Hautfarbe anstarrte.
“Who are you?”, wollte sie wissen.
“Oh, I’m sorry”, rief der Junge. “I’m Winnie. And you are …?”
“My name is Britta. I’m from Munich.”
Sein Akzent klang wie der von Gordon, einem Jungen aus Kentucky, den sie vor ein paar Wochen in Schottland kennengelernt hatte.
“You’re American”, stellte sie fest.
Winnie schaute sie verdutzt an, schüttelte dann heftig den Kopf.
“No, I’m not American. I’m from Africa.”
“Oh, **I see**”, antwortete Britta. Seltsam, sie hätte schwören können, er sprach wie Gordon. Aber vielleicht gab es in Afrika auch so einen Akzent.

My pleasure. Ist mir ein Vergnügen.
you’re not afraid of du hast keine Angst vor
are you? *hier:* oder?
I see. Ich verstehe.

"What's wrong? Why **were you crying**?", wollte Winnie wissen.
Britta schüttelte den Kopf. Sie kam sich ziemlich blöd vor. Plötzlich ließ sich ihr Magen laut vernehmen.
"You're hungry", stellte Winnie fest.
"Yes", bestätigte Britta. "But I **lost** my money." Sie schaute ihn aufmerksam an, doch er zeigte keinerlei Reaktion.
"Oh, that's no problem. I can **organize** something."
Winnie sprang auf und rannte davon.
Britta blieb verwundert sitzen. Träumte sie oder saß sie tatsächlich auf einer Bank mitten in den Praterauen und hatte sich soeben mit einem afrikanischen Dieb unterhalten?
Winnie kam zurück und brachte zwei Pappbecher mit heißem Kakao sowie eine Tüte Nusshörnchen mit. Britta verschlang das erste Hörnchen mit drei Bissen.
"Sorry", seufzte sie anschließend, "but I **was** really hungry."
"Yes, you looked **quite ravenous**", meinte Winnie und nippte am heißen Kakao.

---

were you crying hast du geweint
lost habe verloren
organize organisieren
was war
quite ziemlich
ravenous ausgehungert

"What does that **mean**, raven...?"
"Oh, it means you're very, very hungry", erklärte Winnie. "The word is *ravenous*." Er sagte es langsam vor.
Britta musste an ihren Cousin Chris denken und lächelte.
"What?"
Sie schüttelte den Kopf. "Nothing."
"Nothing? You were laughing at me", beschwerte sich Winnie mit gespielter Empörung.
"I was thinking of my cousin Chris. He lives in London", erklärte Britta. "He always **explains** English words to me. My English is not so good."
"Oh, but your English is excellent", widersprach Winnie und reichte ihr das zweite Hörnchen.
Britta lächelte geschmeichelt. Als sie aufgegessen hatten, meinte Winnie: "Now, will you tell me why you're sitting on a **bench** and crying?"
Britta zögerte. Dann erzählte sie ihm von Alison und ihrer Rolle und dass sie sie begleitet hatte.
"And then I **got lost**", fügte sie hinzu.

---

mean bedeuten; meinen
explains erklärt
bench Bank
got lost habe mich verlaufen

Verrückte Dinge

“What are you doing here in the Prater?”, fragte Britta Winnie schließlich.
“I live here”, sagte Winnie.
“**Pardon me?**”, hakte Britta nach und war für den Bruchteil einer Sekunde stolz auf sich. Chris hätte es sicher auch gefallen, dass sie so eine gute Schülerin war.
Winnie beschrieb einen großen Kreis mit seinem Arm und wiederholte: “I live here. I live on the streets of Vienna.”
“Ah”, machte Britta. War er tatsächlich Mitglied einer Straßenbande, die Leute ausraubte? Er sah so nett aus.
“I'm an **orphan**, so I live on the street”, meinte Winnie.
“I'm sorry”, stotterte Britta, die keine Ahnung hatte, was das Wort *orphan* bedeutete.
Winnie schien das zu merken, denn er fuhr fort: “I have no parents. That's what ‘orphan’ means: your parents **have died**.”
Brittas Augen weiteten sich vor Schreck. Ein Waisenjunge, der auf der Straße lebte? Du lieber Himmel.

Pardon me? Entschuldigung?
orphan Waise
have died sind gestorben

"I'm so sorry for you", sagte sie leise und legte kurz ihre Hand auf seine.
"It's okay", erwiderte er. "**I've got used to it.**"
"How long **have you been living like this**?", wollte Britta wissen.
Winnie legte den Kopf in den Nacken und dachte nach. "Let me think. I **came** here **two years ago**. Yes, two years."
"And before that?"
"Oh, before that I lived in Africa." Gedankenverloren starrte Winnie in die Bäume. Plötzlich sprang er auf. "I don't want to think about it. Let's do something **crazy**."

Something crazy, was Verrücktes? Britta erhob sich zögernd.
"I'm **still** hungry", sagte Winnie und klopfte sich auf den Bauch. "**What about** you?"
Britta schüttelte den Kopf.
"Okay, I'll organize something for us and then we'll go to the movies, okay?"
Er wartete gar nicht ab, was Britta dazu zu sagen hatte, sondern lief einfach los. Britta folgte langsamer.

I've got used to it. Ich habe mich daran gewöhnt.
have you been living like this lebst du schon so
came bin gekommen
two years ago vor zwei Jahren
crazy verrückt
still immer noch
what about was ist mit

Sie entdeckte ihn an dem Stand, an dem sie sich ihr Frühstück hatte kaufen wollen. Winnie sprach mit der Frau hinter dem Tresen und deutete auf diverse Dinge in der Auslage. Während sie alles in eine Tüte packte, kramte er in seiner Hosentasche. Doch statt ihr Geld zu geben, schnappte er sich die Tüte und rannte davon. Britta blieb mit offenem Mund stehen. Das gab's doch nicht!
Die Frau kam aus der Seitentür ihres Standes gestürzt und rannte trotz ihrer Leibesfülle erstaunlich schnell hinter Winnie her. Der schlug einen Haken und lief auf Britta zu. Kurz vor ihr rief er "**Come on!**" und deutete Richtung U-Bahn. Britta zögerte nur kurz, denn die Frau schien sich jetzt an sie halten zu wollen.
Völlig außer Atem kamen sie am Bahnhof an.
"You are crazy", keuchte Britta und meinte es so. Der Typ war doch total durchgeknallt.
"Yes, I am", antwortete Winnie und grinste sie frech an. "But **it's fun**, isn't it?"
"I don't know", meinte Britta nur achselzuckend. Sie hatte noch nie in ihrem Leben etwas geklaut.
"Come on, don't be such a **chicken**", sagte Winnie herausfordernd. "It **wouldn't have cost much**."
Er öffnete die Tüte und zeigte Britta den Inhalt: La-

Come on! Komm schon!
It's fun. Es macht Spaß.
chicken *hier:* Angsthase
wouldn't have cost much hätte nicht viel gekostet

kritzschnecken, Gummibärchen, Zuckerstangen, Lutscher. Britta war nur halb überzeugt.
“Don’t call me chicken, okay?”, sagte sie wütend.
“I’m sorry”, sagte Winnie sofort und lachte sein unwiderstehliches Lachen.
Britta seufzte. Worauf hatte sie sich da nur eingelassen? Aber Winnie ließ sie gar nicht zum Nachdenken kommen.
“Okay, let’s go to the movies. What do you want to see?”
“I have no idea”, gab Britta zu. Sie wusste nicht, welche Filme gerade liefen.
“Okay, let me **check**.” Zu Brittas großer Verwunderung zog Winnie ein Handy aus seiner Hosentasche und wählte eine Nummer. Wo hatte er das denn nun wieder her? Und wie konnte sich ein Junge, der auf der Straße lebte, ein Handy leisten? Winnie schien ihre Zweifel zu spüren, denn während er darauf wartete, dass jemand seinen Anruf entgegennahm, sagte er erklärend: “I got it from a very nice woman yesterday. It’s **prepaid**.”
Britta erwiderte nichts, obwohl sie ihm nicht glaubte. Vermutlich hatte er es vorhin aus der Tasche am Filmset geklaut.
“Hey, **Buddy**”, sagte Winnie in das Handy. “It’s me.”

---

check herausfinden
prepaid vorausbezahlt
Buddy *Name; bedeutet auch “Kumpel”*

Er kehrte Britta den Rücken zu und sprach plötzlich sehr schnell und leise, sodass Britta kaum etwas verstand.

"**Thanks a lot**, Buddy. **I owe you one**", rief Winnie begeistert und klappte das Handy zu.

"Okay, we should go to the cinema on Stephansplatz. **They're showing** some good movies."

"Who was that?", wollte Britta wissen.

"Who?" Winnie grinste. "Buddy's one of my friends. We **take care of each other** and **support** each other. Sometimes he's **like** a father to me."

Thanks a lot. Vielen Dank.
I owe you one. Du hast bei mir was gut.
they're showing sie zeigen
take care of each other passen aufeinander auf
support unterstützen
like wie

"Sorry", sagte Britta leise und ärgerte sich gleichzeitig, dass sie sich andauernd genötigt fühlte, sich bei Winnie zu entschuldigen.
"That's okay", meinte Winnie mit strahlendem Lächeln. "Now, let's go."
Sie fuhren mit der U-Bahn bis Stephansplatz und liefen zum Kino.
Winnie sagte: "I'll get the tickets. Wait here."
Während Britta wartete, dachte sie daran, dass Alison gar nicht wusste, wo sie war. Aber Britta war sich sicher, dass das Mädchen sie nicht vermissen würde.
"**Are you daydreaming?** Come on!", holte Winnie sie aus ihren Gedanken. Er reichte ihr ein Ticket. In der anderen Hand hielt er eine Tüte Popcorn und zwei Becher Cola. Bevor Britta etwas sagen konnte, meinte er: "I've **paid** for it. **Cross my heart!**"
Das Kino war ziemlich leer, kein Wunder bei der Uhrzeit. Winnie hatte gut ausgewählt: Britta konnte der Handlung gut folgen, obwohl der Film in Englisch war und sie nicht einmal die Hälfte verstand.
"What a **stupid** movie", knurrte Winnie nach einer halben Stunde.
"Oh yes", stimmte Britta ihm erleichtert zu. Sie fand den Film auch ziemlich dämlich. Sie begannen die

---

Are you daydreaming? Träumst du mit offenen Augen?
(have) paid (habe) bezahlt
Cross my heart! Ich schwöre!
stupid dumm

Szenen zu kommentieren und zu raten, was als Nächstes passieren würde, und hatten so doch noch eine Menge Spaß.
Lachend verließen sie das Kino und liefen durch die Fußgängerzone, die sich allmählich füllte.
"What next?", fragte Winnie.
"I need a **break**", japste Britta.
"Then I know the right thing for us", erwiderte Winnie und zog sie mit sich. Britta ließ sich widerwillig mitschleppen. Plötzlich blieb Winnie abrupt stehen und deutete auf eine unscheinbare Tür.
"Do you know what that is?", fragte er.
Britta schüttelte den Kopf. Sie hatte keine Ahnung und es interessierte sie auch nicht.
"That's the **back door** of the **famous** Hotel Sacher", sagte Winnie. "**Everybody** knows their cake, **of course**. You know their cake, don't you?"
Britta nickte. Ja, sie kannte die Sachertorte. Ziemlich süß und wunderbar klebrig.
"Let's go to the **main entrance** and **rest** in one of their **suites**", schlug Winnie vor, als wäre es das Natürlichste von der Welt.

---

break Pause
back door Hintertür
famous berühmten
everybody alle; jede(r)
of course natürlich
main entrance Haupteingang
rest ausruhen
suites Suiten

Mr Kershaws Suite

"What?" Britta starrte Winnie an, als sei er komplett verrückt geworden, aber er grinste sie nur an.
"**Trust** me", sagte er. "It's no problem."
"You are crazy", sagte Britta mit Nachdruck. "**Completely** crazy."
"Maybe I'm crazy", gab Winnie freimütig zu. "But **at least** I have fun. You've had fun **up to** now, **haven't you?**"
Widerwillig musste Britta zugeben, dass der Tag bisher recht amüsant gewesen war.
"Okay, give me some time to organize **everything**. Go to **reception** in ten minutes and ask for Mr Kershaw's room. I'll be waiting for you." Er deutete eine Verbeugung an und lief auf das Hotel zu.
Nervös schaute Britta immer wieder auf ihre Armbanduhr. Das war doch verrückt, was sie da machten. Das funktionierte vielleicht im Film, aber niemals in der Realität. Dennoch ging sie nach zehn Minuten auf den Haupteingang des Hotels zu, durch den Winnie verschwunden war. Sie erwartete aufgehalten

---

trust vertraue
completely total
at least wenigstens
up to bis
haven't you? *hier*: oder?
everything alles
reception Empfang

zu werden, aber niemand beachtete sie. Sie ging zur Rezeption und wartete brav, bis sie an der Reihe war. Als die Dame sie freundlich anlächelte und fragte, was sie für sie tun könne, antwortete Britta im vornehmsten Englisch, dessen sie fähig war: "Mr Kershaw's room **number**, please."

"One **moment**, please, Miss", erwiderte die Empfangsdame und schaute in ihren Computer. "It's the Idomeneo Suite, on the **second floor**. You can take the **lift** – it's **right** here."

Britta dachte gerade noch daran, sich zu bedanken, dann lief sie prustend Richtung Aufzüge. Das gab's doch nicht! War es tatsächlich so einfach, wie Winnie behauptet hatte?

Vor dem Aufzug warteten eine ältere Dame mit Gehstock und ein Mann. Britta grinste sie beide fröhlich an. Die Frau erwiderte ihr Lächeln, der Mann starrte feindselig zurück. Als der Aufzug kam, drängte er sich in die Kabine und drückte einen Knopf.

"Sie nehmen uns schon mit, junger Mann?", sagte die ältere Frau barsch und hielt mit ihrem Stock die Aufzugtür auf. "Rüpel", flüsterte sie so leise, dass Britta es gerade noch hören konnte.

---

number Nummer
moment Moment
second floor zweiter Stock
lift Aufzug
right *hier:* direkt

Sie fuhren in den zweiten Stock, wo Britta aussteigen musste. Beim Verlassen des Aufzugs bemerkte sie, dass der Mann Handschuhe in der Hand hielt. Und das bei dieser Hitze. Kopfschüttelnd wandte sich Britta nach links und stand nach wenigen Metern vor der Suite mit dem seltsamen Namen. Zaghaft klopfte sie, aber Winnie schien gewartet zu haben, denn die Tür öffnete sich, eine dunkle Hand griff nach ihrem Arm und zog sie hinein.
"Everything okay?", wollte Winnie wissen. "Did **anybody** see you?"
Britta schüttelte den Kopf. Die Leute im Aufzug zählten sicher nicht.

"Good", sagte Winnie und ließ sie los.
Britta traute ihren Augen nicht. Das Zimmer war riesengroß und mit einem flauschigen Teppich ausgelegt. Am Ende stand ein wunderbares Himmelbett, davor ein wertvoll aussehender Schreibtisch. Überhaupt machte alles einen recht teuren Eindruck: der schwere Kronleuchter, die alten Stühle, das Sofa mit dem Glastisch davor und die Gemälde an den Wänden.
"Wow", war alles, was sie sagen konnte.
"Well, a bit **old-fashioned** for my **taste**", meinte Winnie.

---

anybody irgendjemand
old-fashioned altmodisch
taste Geschmack

"It's **fantastic**", rief Britta begeistert und drehte sich im Kreis. "It's like in an old movie."
"What do you want to eat?", fragte Winnie. Er hatte sich die Hände an einem schneeweißen Handtuch abgetrocknet, das er gerade achtlos fallen ließ, um nach einer schweren Ledermappe zu greifen. "Here's the **menu**. You can have **whatever** you want."
"I don't have any money", erinnerte Britta ihn.
"You don't need money", erwiderte Winnie. "They **pay** for it."
"Who's they?", wollte Britta wissen.
"The hotel, of course."
"But it's not right", rief Britta. "And don't call me chicken again", fügte sie hinzu, bevor Winnie etwas sagen konnte.
"I **won't**, I **promise**", sagte er und legte drei Finger seiner rechten Hand aufs Herz. "They're so rich, they won't **go broke** if we don't pay. Just think how much they **throw away** every day."
Britta schwankte. Da hatte er natürlich recht. Aber dennoch …

---

fantastic fantastisch
menu Speisekarte
whatever was auch immer
pay bezahlen
won't werde nicht
promise verspreche
go broke Pleite gehen
throw away wegwerfen

“It’s not right”, beharrte sie auf ihrem Standpunkt.
“Okay, it’s not right”, gab Winnie seufzend zu. “But it’s FUN!” Und er grinste übers ganze Gesicht.
Britta gab auf. Vermutlich hatte ein Junge, der auf der Straße leben musste, einfach ein anderes Unrechtsverständnis als sie. Und trotz der beiden Hörnchen und des Popcorns hatte sie schon wieder Hunger.
“Okay”, sagte sie und ließ ihren Rucksack, den sie immer noch in der Hand gehalten hatte, fallen. “Let me see the menu.”
“Here it is, **milady**”, feixte Winnie und reichte ihr die schwere Mappe.

“They’ll never take the **order** from us”, warnte Britta, als sie die Preise sah.
“Hey”, rief Winnie. ”They gave us this room, didn’t they?”
“I don’t want to know how you **managed** that”, meinte Britta und verzog das Gesicht.
“No, you don’t”, stimmte Winnie zu und wurde für den Bruchteil einer Sekunde ernst. Doch dann kam sein sonniges Gemüt wieder zum Vorschein.
“Let’s have **champagne**”, sagte er, “and lots of **pasta**.”

---

milady gnädige Frau
order Bestellung
managed geschafft hast
champagne Champagner
pasta Nudeln

“**I’m not supposed to** drink **alcohol**”, warf Britta ein.
“**You’re right**”, gab Winnie zu Brittas Überraschung zu. “We shouldn’t drink alcohol. But pasta is fine, isn’t it?”
Britta nickte. Während Winnie zum Telefonhörer griff, wandte sie sich einem der Fenster zu, das auf die Oper schaute. Als hinter ihr eine männliche Stimme ertönte, drehte sie sich erschrocken um.
Aber da stand nur Winnie, der mit tiefer Stimme die Bestellung aufgab. Erstaunt sah sie ihn an.
“What?”, fragte er, als er aufgelegt hatte.
“You’re …” Britta fehlten die Worte.
“**Amazing**?”, schlug Winnie vor und erinnerte Britta einmal mehr an Chris. Die beiden würden sich gut verstehen.
Sie zuckte mit den Schultern. Ja, Winnie war sicher auch ein erstaunlicher Typ, aber das war es nicht, was sie hatte sagen wollen. Aber sie wusste es nicht einmal auf Deutsch.
“Okay, this is what we need to do when **room service** comes.” Er erklärte ihr, was er vorhatte, und

---

I’m not supposed to ich soll nicht
alcohol Alkohol
You’re right. Du hast recht.
amazing erstaunlich, toll
room service Zimmerservice

fragte, ob sie alles verstanden hatte. Britta nickte nervös. Als es klopfte, verschwand Winnie wie verabredet im Badezimmer und ließ das Wasser laufen. Britta öffnete die Tür.

"Room service, Miss", sagte ein junger Mann.

"Come in, please", sagte Britta und fühlte sich wie eine Prinzessin.

Der Mann fuhr den Servierwagen in das Zimmer und schaute sich kurz um. Britta fand es plötzlich schrecklich aufgeräumt, dafür, dass es sich um eine angeblich bewohnte Suite handelte. Aber sie wagte nichts zu sagen. Der Hotelangestellte verwandelte den Servierwagen in einen runden Tisch und deckte ihn. Britta lief derweil zum Badezimmer und rief:

"Dad? Room service is here."

"I'm in the **shower**. Ask if I can **sign** later."

Britta wandte sich dem Mann zu.

"My dad is in the shower", sagte sie und deutete auf die geschlossene Tür.

"That's fine, Miss", erwiderte der junge Mann und deutete eine Verbeugung an. "He can sign later. No problem. **Enjoy your meal.**"

Mit einer weiteren angedeuteten Verbeugung verließ er das Zimmer. Britta schloss zur Sicherheit hinter ihm ab. Dann lief sie zum Bad und klopfte.

---

shower Dusche
sign unterschreiben
Enjoy your meal. Lassen Sie es sich schmecken.

“**He’s gone.**”
Es dauerte eine Weile, bis Winnie erschien. Er trug einen hoteleigenen Bademantel und seine Haare glänzten nass.
“You have to take every chance you get to have a shower”, sagte er erklärend und verschwand wieder im Bad, um sich fertig anzuziehen.
Britta sagte nichts. Sie wanderte im Zimmer umher und haderte mit sich. Winnie war ein netter Kerl, mit dem man Spaß haben konnte, aber er war auch ein Dieb. Es war nicht richtig, anderen Leuten etwas wegzunehmen, auch wenn sie es sich locker leisten konnten.
Wo hatte Winnie seine Tasche hingelegt? Er hatte die Sachen, die er am Filmset geklaut hatte, in die Tasche geschoben. Ein Blick hinein könnte ihr Gewissheit verschaffen.
Nur: Was sollte sie dann machen? Zur Polizei gehen? Doch so sehr Britta auch suchte, die Tasche war nirgends zu sehen. Offenbar hatte Winnie sie mit ins Bad genommen. Sehr verdächtig.

He’s gone. Er ist weg.

Spaghetti nobel

Wenig später kam Winnie vollständig angezogen aus dem Bad, nur seine Zöpfe glänzten noch feucht. Von seiner Tasche war nichts zu sehen. Britta beschloss, später im Badezimmer nachzuschauen.

Winnie schnupperte.

"Hmm", machte er genießerisch. "I love pasta. – Milady?"

Er reichte Britta die Hand und führte sie zum Tisch. Dort zog er einen der beiden Stühle zurück, wartete, bis Britta in der richtigen Position war, und schob dann den Stuhl an den Tisch.

"**Perfect** service", murmelte Britta und kicherte.

"I do what I can", erwiderte Winnie und setzte sich ihr gegenüber. Er nahm seine Serviette und legte sie übertrieben sorgfältig auf seinen Schoß.

"**On the count of three**", sagte Winnie und nahm den Knauf seiner silbernen Wärmehaube in die Hand. Britta tat es ihm gleich und schaute ihn erwartungsvoll an.

"One, two, three", kommandierte Winnie. Gleichzeitig hoben sie die Hauben hoch.

Auf den Tellern lag ein Berg Spaghetti mit Sauce Bolognese, gekrönt von einem weißen Parmesanhäub-

---

perfect perfekt
on the count of three auf drei

chen. Ein köstlicher Duft breitete sich im ganzen Raum aus.
"**Bon appetit**", sagte Winnie und begann gekonnt die Nudeln auf seine Gabel zu drehen.
Britta schaute ihm verwundert zu. Für einen Straßenjungen hatte er erstaunlich gute Manieren.
"**How come** you know all this?", fragte sie.
"Wha'?", erwiderte Winnie mit vollem Mund.
Britta deutete auf seinen Teller, die kunstvoll aufgerollten Spaghetti, ihren Stuhl.
"This", sagte sie.
Winnie schluckte und starrte sie kurz gedankenverloren an.
"Oh, this", meinte er schließlich. "One of my buddies **taught** me."
"Aha." Britta war nicht überzeugt, ließ es aber für den Moment auf sich beruhen.
"**Here's to you**, milady", rief Winnie und hielt sein Colaglas hoch.
Britta tupfte sich geziert die Mundwinkel mit ihrer Serviette trocken und nahm ebenfalls ihr Colaglas in die Hand. Kichernd stießen sie an und tranken. Britta spreizte dabei den kleinen Finger ab.
"Very elegant", kommentierte Winnie.

Bon appetit. Guten Appetit.
how come wie kommt es (dass)
taught hat beigebracht
here's to you auf dich

"I **saw** it on TV. It was a movie about rich people", erklärte Britta. "But it also showed some families who **ate** like **pigs**."
Sie beugte sich über ihren Teller und schaufelte sich mit Gabel und Löffel Nudeln in den Mund.
"We shouldn't play with our food", sagte Winnie plötzlich.
"Yes, you're right", stimmte Britta ihm zu. Sie fragte sich, ob er gerade an seine afrikanische Heimat dachte. Ob er hatte hungern müssen?
Als sie aufgegessen hatten, machten sie es sich auf dem Sofa bequem und zappten durch die Programme.

"Let's play some games", schlug Winnie nach einer Weile vor und suchte mit Hilfe der Fernbedienung nach dem Kanal, auf dem Spiele angeboten wurden.
"Here we are", rief er triumphierend. "What do you want to play?"
Britta zuckte die Achseln. "I don't know. I never play computer games."
Winnie starrte sie verblüfft an.
"You don't play computer games?"
Britta schüttelte den Kopf. "I think they're **boring**", sagte sie tapfer.
"I can't **believe** it." Winnie war fassungslos.

---

saw habe gesehen
ate haben gegessen
pig Schwein
believe glauben
boring langweilig

"Where do you play, **anyway**?", wollte Britta wissen. Dann sagte sie, "Let me **guess**: with one of your buddies."
Winnie starrte sie mit einem merkwürdigen Gesichtsausdruck an. "Somehow **I get the feeling** you don't believe me", sagte er düster.
"Oh, I do believe you", beeilte sich Britta zu sagen. "I believe you." Sie stand auf. "I need to go to the **loo**." Insgeheim erwartete sie, dass Winnie sie aufhalten würde, doch er zappte sich nur weiterhin durch das Fernsehprogramm.
Das Badezimmer war riesig. Man hätte locker eine Party darin feiern können. Die Luft war feucht und roch nach einem fruchtigen Duschmittel. Britta ging aufs Klo und ließ den Blick durch den Raum schweifen. Keine Spur von Winnies Tasche. Sie spülte, wusch sich die Hände und ging ins Zimmer zurück.
"I'm so full. **I need some exercise**", sagte sie.
"Whatever you want", stimmte Winnie zu und schaltete den Fernseher ab. Er sprang hoch und joggte mit großen Schritten durch das Zimmer.
"I'm running a marathon", keuchte er.

---

anyway eigentlich; jedenfalls
guess raten
I get the feeling ich habe das Gefühl
loo Klo
I need some exercise. Ich brauche etwas Bewegung.

Britta lachte. "You're **silly**. Did**n't anyone** ever teach you that you shouldn't run after a **heavy meal**? It's not good for your **heart**."
Winnie brach japsend zusammen.
"**Too late**! I'm **dead**."
Er legte sich platt auf den Boden und streckte alle Viere von sich.
"You are such a chicken", rief Britta.
Winnie reagierte nicht. Er lag da wie tot, nur das Heben und Senken seines Brustkorbs verriet ihn.
Britta warf einen Blick auf das Bett, auf dem jede Menge Kissen lagen. Leise schlich sie sich hin, schnappte sich zwei Kissen und warf bei der Gelegenheit einen Blick unter das Bett. Aber auch dort war die Tasche nicht versteckt. Wo hatte er sie nur hingetan?

silly doof
not anyone niemand
heavy schwer
meal Essen
heart Herz
too late zu spät
dead tot

Auf Zehenspitzen ging sie zu Winnie zurück. Er hatte sich nicht bewegt.
“**Admit** it, you are a chicken”, rief Britta drohend.
Keine Reaktion.
“I **punish** you for being a chicken”, rief Britta und warf ein Kissen auf Winnie.
Plötzlich reagierte er sehr schnell, schnappte sich das Kissen und warf es zurück. Innerhalb von Sekunden waren sie in die schönste Kissenschlacht verwickelt.
“I'll tell you who the chicken is”, rief Winnie und lief hinter der kreischenden Britta her.
“Don't **kill** me, please, don't kill me”, flehte sie schließlich, als er sie in eine Ecke gedrängt hatte.
“**First** you must **confess**”, sagte Winnie mit donnernder Stimme. “Say it: I'm a chicken.”
“I'm a chicken”, sagte Britta folgsam, nur um gleich darauf breit grinsend zu rufen: “But Winnie is a **much bigger** chicken than I am.”
Erneut begann eine Runde durch die Suite. Als sie vom vielen Lachen und Rennen ganz müde waren, warfen sie sich erschöpft auf das große Bett.

---

admit gib zu
punish bestrafe
kill töte
first zuerst
confess zugeben
much bigger viel größer(er)

Diebstahl im Hotel Sacher

"I would love to **stay** here", sagte Britta, als sie wieder etwas zu Atem gekommen war. "Can we **stay the night**?"
"No, that's **impossible**", sagte Winnie.
"Why?" Britta richtete sich auf und schaute ihn an. "Why?", wiederholte sie.
"It's impossible, that's why."
"But it was **possible** now, so why not tonight?" Mit so einer lächerlichen Erklärung wollte Britta sich nicht abspeisen lassen.
"It's too dangerous at night", sagte Winnie.
"Why? Because it's dark?", spottete Britta.
"No, because there are too **many** people who come to your room and want to check it."
"We **could** use the **Do Not Disturb** sign", schlug Britta vor, aber Winnie ließ nicht mit sich reden.
"I'm not **used** to sleeping in a bed like this. And you should go **home**, **shouldn't you?**" Er schaute sie

---

stay bleiben
stay the night übernachten
impossible unmöglich
possible möglich
many viel(e)
could könnten
Do not disturb. Nicht stören.
used gewöhnt
home nach Hause
shouldn't you? *hier:* oder?

einen Moment lang fragend an, sagte dann ernst: "Don't think it's fun to live on the street. It's quite dangerous **out there**."
"You don't know what you're saying", meinte Britta bockig. "It's too dangerous in here and it's too dangerous out there. That doesn't make **sense**."
"Maybe", gab Winnie zu. "But I know that we should **leave** now and you should go home and enjoy family **life**."
Britta gab sich geschlagen. Sie wollte das Zimmer aufräumen, aber Winnie hielt sie davon ab.
"They'll have to **clean** it anyway", sagte er.
Sie verließen die Suite und schlichen sich die Treppe hinunter.
"You **must behave as if** you are used to living in a **place** like this", hatte Winnie warnend gesagt, aber Britta konnte dennoch nicht umhin, sich dauernd umzuschauen. Niemand kümmerte sich um sie, niemand hielt sie auf.
"You see, it's easy", sagte Winnie, als der Portier

---

out there da draußen
sense Sinn
leave gehen
life Leben
clean sauber machen
must musst
behave dich benehmen
as if als ob
place Ort

ihnen die Tür aufhielt und einen guten Tag wünschte. Britta kicherte. Sie trat in die Kärntner Straße und stieß mit jemandem zusammen. Es war der Mann aus dem Aufzug.
"Oh, I'm sorry", stammelte sie.
"Kannst ned aufpassn?", bellte der Mann in tiefstem Österreichisch und bückte sich nach seiner Tasche, die ihm bei dem Zusammenstoß aus der Hand gefallen war. "Rotzlöffel, ausgschamte."
Britta ging in die Hocke und wollte die Tasche aufheben, doch der Mann stieß sie zur Seite. Britta fiel hin und riss dabei die Tasche so mit sich, dass sich deren Inhalt auf die Straße ergoss.

"Entschuldigung", sagte Britta und wurde feuerrot. Hastig begann sie die Gegenstände in die Tasche zu räumen. Geldbeutel, Schlüssel, Kosmetiktäschchen, Handy, Taschentücher …
"Finger weg", schnauzte der Mann sie an und zog die Tasche weg. "Womöglich klaust was."
Winnie hatte bisher unbeteiligt daneben gestanden, es war alles viel zu schnell gegangen. Doch jetzt fuhr er den Mann wütend an: "Mister, **watch your language**. My friend is not a **thief** and anyway, you should **apologize** to her."

Watch your language. Passen Sie auf, was Sie sagen.
thief Dieb(in)
apologize sich entschuldigen

Britta stand auf und zog Winnie weg.
"Leave him alone. Let's go."
"Are you okay?", wollte Winnie wissen und starrte dem Mann hinterher, der es plötzlich sehr eilig hatte, ins Hotel zu kommen.
Britta nickte. "Yes, I'm okay. Nothing's **broken**", sagte sie und schüttelte wie zum Beweis Arme und Beine. "He's an idiot", ergänzte sie und deutete mit dem Kopf Richtung Eingang.

---

broken gebrochen

"Yes, he is", grinste Winnie.
Sie liefen ein Stück weit, blieben dann stehen.
"**Listen**, I have to go", sagte Winnie. "One of my buddies is waiting for me."
Britta war traurig. Insgeheim hatte sie gehofft, sie würde noch eine Weile mit Winnie zusammensein. Während sie überlegte, wie sie sich ihm anschließen könnte, sah sie die Tasche über seiner Schulter hängen. "Your bag", sagte sie, ohne nachzudenken.
"What about it?", wollte Winnie wissen.
"It's nice", erwiderte Britta. Sie konnte ja schlecht sagen, dass sie gerne einen Blick hineinwerfen wollte.
"Well, it's just an **ordinary** bag", sagte Winnie und hielt die Tasche für einen Moment hoch. Sie war gestrickt oder gehäkelt und zeigte bunte Muster. War sie ein Erinnerungsstück aus Afrika?
"I like it", sagte Britta, nur um etwas zu sagen.
"**Yeah**, well, it's quite **useful**", meinte Winnie nur. "Okay, I'm going now."
Britta stand unschlüssig da. Wie sollte sie Winnie als Dieb überführen, wenn sie ihn nicht wiedersehen würde? Sie hatte keine Chance ihn im Prater zu finden. Aber auch Winnie schien sich nicht so richtig trennen zu können.

Listen … Hör mal …
ordinary gewöhnlich
yeah ja
useful nützlich

"Hey", sagte er und stupste sie am Arm. "How about meeting me at the Prater tomorrow morning? We could have some **more** fun then."
Britta nickte.
"**Is it a deal?**"
"**Sounds** great", sagte Britta.
"Good. **Take care**, okay?"
Winnie hauchte ihr zum Abschied einen Kuss auf die Wange und ging weg. Britta sah ihm nach und beschloss spontan ihm einfach mal in gebührendem Abstand zu folgen. Vielleicht konnte sie noch etwas beobachten, was ihr weiterhelfen würde.
Winnie lief Richtung Stephansdom. Die Fußgängerzone war voller Menschen, und es war schwierig, ihn nicht aus den Augen zu verlieren. Für einen kurzen Augenblick ließ sie sich von einem Gaukler ablenken, und als sie wieder nach Winnie schaute, war er verschwunden.
Verdammt! Britta sah sich nach allen Seiten um, lief in alle Richtungen, rannte zum Stephansplatz, aber von Winnie keine Spur. Sie hockte sich auf die kleine Mauer gegenüber des Doms und dachte nach. Aber nach einer Weile musste sie einsehen, dass ihre einzige Chance im morgigen Tag lag.

---

more mehr
Is it a deal? Abgemacht?
sounds klingt
take care pass auf dich auf

Britta machte sich auf den Heimweg. Es war nicht sehr weit, und nach all den Leckereien, die sie heute zu sich genommen hatte, tat ein wenig Bewegung ganz gut.

Zu Hause platzte Britta in eine Diskussion zwischen ihrer Mutter und Robert. Kevin war krank geworden, und während ihre Mutter immer wieder erklärte, dass hohes Fieber normal war für ein Baby, verlangte Robert nach einem Arzt.
Britta holte sich etwas zu trinken aus der Küche und ging in ihr Zimmer. Mechanisch schaltete sie den kleinen Fernseher an und warf sich aufs Bett. Was für ein Tag lag hinter ihr. Ob Alison auch so viel Spaß gehabt hatte?
Verdammt, sie musste unbedingt mit Alison reden. Ihre Mutter musste ja nicht erfahren, dass sie den Tag mit einem wildfremden Jungen verbracht hatte, anstatt brav auf den Superstar zu warten. Und eigentlich war sie doch ein bisschen neugierig, wie es Alison am Set ergangen war.
Sie sprang hoch und wollte das Telefon holen, als eine Meldung in den Nachrichten sie aufhorchen ließ: “... ereignete sich eine Reihe von Diebstählen ...” Britta ließ sich wieder auf das Bett fallen und starrte gebannt in den Fernseher. “... harmlose Einzelfälle, aber die Polizei vermutet eine organisierte Bande.”

Es folgte ein Interview mit einem Polizisten, der die Bevölkerung zur Mitarbeit aufrief und zur Vorsicht mahnte. “Diese Banden schrecken vor nichts zurück”, sagte er warnend in die Kamera. “Sie nutzen die Unschuld von Kindern, die angeblich nur etwas wissen wollen und Sie dann mit ihren geschickten Händen ausrauben.”

Britta erstarrte. Dass Winnie geschickte Hände hatte, hatte sie selbst am Morgen beobachtet. Gehörte er tatsächlich zu einer Bande von Kriminellen? Wurde er womöglich zum Stehlen gezwungen?

Auf dem Bildschirm wurde ein Foto mit mehreren Schmuckstücken gezeigt, während eine weibliche Stimme erklärte: “Diese Juwelen wurden heute Nachmittag aus einer Suite im Hotel Sacher gestohlen. Sachdienliche Hinweise bitte an …”

Heute Nachmittag. Hotel Sacher. Die Worte hallten in Brittas Ohren wider. War das Zufall? Aber wann hätte Winnie den Schmuck klauen sollen? Sie war doch die ganze Zeit mit ihm zusammen gewesen. Okay, er hatte alleine geduscht, aber er hätte das Bad nicht verlassen können, ohne dass sie es bemerkt hätte.

Stöhnend schlug Britta sich an die Stirn. Natürlich! Er hatte zehn Minuten Zeit gehabt, um das Zimmer zu organisieren. Reichte das, um ein Schloss zu knacken, etwas zu klauen und ein weiteres Schloss zu knacken?

Lügen

In dem Bericht wurden auch mehrere kleinere Diebstähle im Stadtpark und im Prater erwähnt, was der Moderator als Überleitung nutzte.
"Aber im Prater geschehen nicht nur unangenehme Dinge, sondern auch erfreuliche. Wie wir gestern schon berichteten, haben vor einigen Tagen die Dreharbeiten zum neuen Film von Dorothy ..."
Britta schaltete ab, denn ihr war eingefallen, dass sie ja Alison noch anrufen musste. Sie lief in den Flur, um das schnurlose Telefon zu holen. Zurück in ihrem Zimmer wählte Britta Alisons Nummer.

Alisons Mutter meldete sich.
"Hello, Mrs Straw", sagte Britta. "**May I** speak to Alison, please?"
"**Sure**, **hold on a sec**." Der Hörer wurde irgendwo abgelegt und Britta hörte, wie Alisons Name gerufen wurde. Dann ertönten Schritte und kurz darauf eine atemlose Stimme: "Yes?"
"Hi, it's Britta", sagte Britta.
"Oh, hi", erwiderte Alison.
"I just wanted to know **how it went** today?"

---

may I darf ich
sure sicher
Hold on a sec. Warte eine Sekunde.
how it went wie es gelaufen ist

"Oh, it was **just great**. You know, they asked me if I could stay a little bit longer and **try out something else** for them. Of course, I ..."
Britta schaltete auf Durchzug. Offensichtlich hatte Alison sie nicht vermisst, vermutlich erinnerte sie sich nicht einmal mehr daran, dass Britta heute Morgen mit ihr zum Set gegangen war. Andererseits hatte auch sie den ganzen Tag nicht mehr an Alison gedacht, fiel Britta mit einem klitzekleinen schlechten Gewissen ein.
"... best thing is that they've asked me to come again tomorrow. Isn't it great?"
Britta bestätigte, dass das super sei und ließ ihre Stimme so begeistert wie möglich klingen. Sie befürchtete, sie würde wieder als Begleitung fungieren müssen, aber Alison nahm ihr auch diese Sorge ab.
"My mum's coming with me. She wants to **get to know** the **director**."
"Well, then", sagte Britta. "It sounds like you had a great day. I'm sure tomorrow will be **even better**."
"Let's **hope** so", sagte Alison.
Sie verabschiedeten sich und legten auf. Britta brach-

---

just great einfach toll
try out something else etwas anderes ausprobieren
get to know kennenlernen
director Regisseur(in)
even better noch besser
hope hoffen

te das Telefon wieder zur Station zurück und schaute im Wohnzimmer vorbei. Ihre Mutter lag auf dem Sofa, den Kopf in Roberts Schoß gebettet, und schlief. Robert las ein Buch, im Hintergrund lief klassische Musik. Es war eine friedliche Familienszene.

Britta hätte gerne mit jemandem über Winnie geredet, aber weder ihre Mutter noch Robert waren dafür geeignet. Sie war sich nicht einmal sicher, ob sie mit ihrem Vater über diesen Tag gesprochen hätte, obwohl sie ihm eigentlich alles erzählte. Tante Anja, ja, die wäre die Richtige gewesen. Aber Tante Anja war in London.

Britta ging ins Bad, machte sich bettfertig und ging in ihr Zimmer, wo sie noch eine Weile las, bevor sie das Licht ausmachte. Aber sie lag lange wach und dachte über den Jungen mit den lustigen Rastazöpfen nach.

Am nächsten Morgen wurde Britta ausnahmsweise nicht durch Kevins Geschrei geweckt, sondern von ihrem Wecker. Sie kuschelte sich noch eine Weile in die Kissen, als ihr plötzlich einfiel, dass sie ja mit Winnie verabredet war. Sie hatten gar keine Uhrzeit oder einen Treffpunkt ausgemacht.

Britta sprang aus dem Bett und ging in die Küche. Ihre Mutter saß am Tisch und las Zeitung. Robert war wohl bereits in der Oper. Die neue Spielzeit begann Anfang September, und es gab noch viel vorzubereiten.

“Guten Morgen”, sagte Britta und nahm sich Cornflakes und Milch.
“Guten Morgen, mein Schatz”, erwiderte ihre Mutter. “Was hast du heute vor?”
Britta zuckte die Achseln. “Keine Ahnung”, sagte sie und war sich der Lüge bewusst. “Ich dachte, ich fahr noch mal mit Alison zum Prater.”
“War es spannend?”, fragte ihre Mutter nichts ahnend.
“Na ja, spannend wäre zu viel gesagt”, meinte Britta wahrheitsgemäß. “Es ist ganz interessant zu sehen, wie so ein Film entsteht.” Lang und breit erzählte sie von der Szene mit dem Fiaker. “Man kann sich gar nicht vorstellen, wie die Schauspieler das machen”, schloss sie ihren Bericht ab. “Sie drehen eine Szene vom Schluss des Filmes, dann eine vom Anfang. Woher wissen sie, wie sie sich gerade verhalten sollen?”
Zum Glück hatten sie im letzten Schuljahr darüber gesprochen, dass die Szenen eines Films nicht chronologisch gedreht wurden, sonst hätte sie jetzt weniger Gesprächsstoff gehabt.
“Mich würde vor allem die ewige Warterei nerven”, seufzte ihre Mutter und stand auf. Sie stellte ihre Kaffeetasse in die Spüle, gab Britta einen Kuss auf die Wange und sagte: “Dann hab mal viel Spaß heute.”
Britta hatte ein schlechtes Gewissen. Sie log ihre Eltern nie an, bog höchstens ab und zu die Wahrheit

etwas zurecht. Sich mit einem Dieb herumzutreiben war offensichtlich ansteckend.
Eine Stunde später lief Britta voller Vorfreude auf einen weiteren verrückten Tag mit Winnie zur U-Bahn und fuhr zum Prater.
Sie war an diesem Tag deutlich später dran als am Tag zuvor, und jetzt war dort schon richtig viel los. Kinder liefen schreiend um den Kalafati, eine riesige Holzfigur, herum, von den Fahrgeschäften dröhnte laute Musik. Vom Filmset war nichts mehr zu sehen. Einen Moment lang ärgerte Britta sich, dass sie Alison nicht besser zugehört hatte, doch dann war es ihr egal. So detailliert würde sie ihrer Mutter ihren Tag sowieso nicht schildern.

Britta stand ratlos inmitten des Tumults und wusste nicht, wo sie Winnie suchen sollte. Sie lief Richtung Praterauen, aber gestern war sie einfach drauflosgerannt und hatte keine Ahnung mehr, wo sie ihn getroffen hatte. Es sah alles gleich aus. Frustriert ließ sie sich auf eine Bank fallen und dachte nach. Sie wusste nichts von Winnie, noch nicht einmal seinen vollen Namen. Und selbst wenn – wen hätte sie nach ihm fragen können?
Traurig machte Britta sich auf den Weg zur U-Bahn-Station. Es war ein wunderbarer Sommertag. Für alle Fälle hatte sie am Morgen ihren Bikini eingepackt. Sie würde einfach zur Donauinsel fahren und dort ein wenig in der Sonne liegen.

Am Ausgang des Prater lungerten ein paar junge Männer herum. Britta erkannte Winnie sofort. Sie blieb in einiger Entfernung stehen und beobachtete die Gruppe. Es wurde heftig diskutiert und vor allem gestikuliert. Britta sah sich um und setzte sich auf eine Bank, die durch einen Busch vor den Blicken der Gruppe geschützt war, ihr aber ausreichend Sicht bot.

Die jungen Männer standen beisammen und redeten. Oft lachten sie laut, als habe einer einen Witz gemacht, dann wieder schlug einer dem anderen auf die Schulter, dass der fast in die Knie ging. Alles in allem sah es sehr freundschaftlich aus. Waren das Freunde von Winnie, die wie er auf der Straße lebten? Seine Buddies? Aber Britta sah keine Schlafsäcke oder Ähnliches, was darauf hindeutete. Handelte es sich bei der Gruppe womöglich um eine der Diebesbanden, die im Fernsehen erwähnt worden waren? Britta versuchte zu lauschen, aber sie war zu weit von den Männern entfernt. Wie sehr sie sich auch anstrengte, sie konnte nichts verstehen. Nach einer Weile wurde ihr langweilig, doch um nichts auf der Welt hätte sie ihren Beobachtungsposten aufgegeben. Fast eine halbe Stunde verbrachte sie auf ihrer Bank, bis sich die Gruppe auflöste. Die Männer zerstreuten sich in alle Himmelsrichtungen, nur Winnie und ein anderer Junge in seinem Alter blieben noch stehen.

Während Britta noch überlegte, ob sie hingehen sollte, verabschiedeten sich die beiden mit einer kurzen Umarmung voneinander, und der zweite Junge lief in die Praterauen hinein, während Winnie unschlüssig stehen blieb. Er trug wieder Jeans, T-Shirt und Sandalen, und auch die Tasche hatte er dabei. Daran, dass sie vollkommen schlaff von seiner Schulter hing, erkannte Britta, dass sie leer war. Er war heute offensichtlich noch nicht auf Diebeszug gegangen.

Winnie hockte sich schließlich an den Wegesrand und saß einfach nur da. Ein Passant warf ihm ein Geldstück hin, ein zweiter machte es ihm nach. Winnie klaubte die Münzen auf und hielt daraufhin die Hand auf.

Britta war schockiert. Hatte Winnie es wirklich nötig zu betteln? Worauf hatte sie sich da nur eingelassen? Eilig sprang sie von ihrem Beobachtungsposten auf und lief zu ihm hin.

"**Get up**", zischte sie. "I've got **enough** money today. You don't need to **beg**."

"And a good morning to you, too, Britta", sagte Winnie und lachte ihr ins Gesicht.

"Good morning", murmelte Britta verlegen. "Please, get up!"

Get up. Steh auf.
enough genug
beg betteln

"Why?" Winnie stand auf. "It doesn't **hurt them** to give me some **change**", sagte er verächtlich.
"But I can pay today", erwiderte Britta.
"And what about tomorrow? And the day after tomorrow? Will you pay for me then **as well**?", rief Winnie.
Darauf wusste Britta nichts zu sagen. Schließlich gab sie sich einen Ruck und sagte: "I'm sorry. **It's none of my business.**"
"I'm sorry, too", meinte Winnie versöhnlich. "I had a bad night." Er versuchte ein unbekümmertes Lachen, aber es misslang gründlich.
"What's wrong?", fragte Britta besorgt.

"Oh, nothing to worry about", erwiderte Winnie, aber es klang nicht sehr überzeugend. "Let's have some fun, okay?"
Britta nickte und folgte ihm zur U-Bahn-Station.

---

hurt wehtun
them ihnen, *auch:* sie
change Kleingeld
as well auch
It's none of my business. Es geht mich nichts an.

Viele Fragen

Sie fuhren zum Stephansdom, erklommen den Turm und schauten sich Wien von oben an.
“Vienna is a beautiful **city**”, stellte Winnie fest. “What’s that **over there**?” Er deutete auf einen entfernten Turm.
Britta wusste nicht, wie sie es beschreiben sollte.
“Have you **heard** of an **artist** called Hundertwasser?”
Winnie schüttelte den Kopf.
“He’s very famous. He **built** two houses here in Vienna. And also in **other** cities”, erklärte Britta. “I don’t know what you call this **building** in English. It’s where they **burn** the **stuff** you throw away.”
“Oh, you mean the **trash**?”, rief Winnie. “Then it’s an **incineration plant**.”
Britta zuckte unschlüssig mit den Schultern. “Why don’t you speak German?”, wollte sie plötzlich wissen.

---

city Stadt
over there da drüben
(have) heard (hast) gehört
artist Künstler
built hat gebaut
other anderen
building Gebäude
burn brennen
stuff Zeug
trash Abfall
incineration plant Müllverbrennungsanlage

"Who says I don't speak it?", konterte Winnie. "It's just not very good." Er schüttelte den Kopf und grinste. "Okay, I admit it: it's **only** 'bitte', 'danke schön' and 'auf Wiedersehen'."
Es klang wie Biddää, Dange scheyn und Auf Wiedaseyn. Britta musste kichern. Doch dann kam sie ins Grübeln.
"How come you haven't learned more German when you've lived here **for so long**?"
Winnie runzelte die Stirn. "What's this? A quiz show?"
Britta wurde rot. "Umm, no, I was just **curious**." Dann wurde sie wütend. "You must admit that it sounds a bit **strange**. **Someone** who's lived in Vienna for two years should know at least a little German."
Winnie hob abwehrend die Hände.
"You're right, you're right. Don't kill me. Please!"
Britta musste wider Willen lachen. Wieso konnte sie diesem Typen nicht böse sein?
"My buddies are all English. Well, one is **Australian**, but the others are from England. Or maybe

---

only nur
for so long so lange (Zeit)
curious neugierig
strange seltsam
someone jemand
Australian Australier(in)

Scotland. I don't know for sure. We don't talk much about where we come from."
Britta verstand den Wink mit dem Zaunpfahl. Und es war ja eine logische Erklärung. War es doch, oder?
"Hey, let's go to the **Opera** and **sneak in**", schlug Britta vor, als sie wieder auf dem Stephansplatz standen.
"The opera?", fragte Winnie. "That's boring."
"**Have you been** in there?"
"No", stöhnte Winnie. "Opera is not my **favourite** music."
"Trust me, it'll be fun", versicherte Britta ihm.
Winnie blieb skeptisch. "I don't know."
"Let's go." Britta lief einfach los, sodass Winnie nichts übrig blieb, als ihr zu folgen. Aber sie kamen nicht weit. Zwei Touristinnen baten sie, sie vor dem Dom zu fotografieren. Winnie freute sich über die Verzögerung, schäkerte mit ihnen und schoss mehrere Fotos. Die Frauen verzogen sich kichernd.
"It's quite hot today", sagte er, als sie weitergingen. "Let's have some ice cream."
"That's a good idea", stimmte Britta zu. "I've **brought** my money today."

Scotland Schottland
opera Oper
sneak in reinschleichen
have you been bist du gewesen
favourite Lieblings-
(have) brought (habe) mitgebracht

"I've got some money, too", sagte Winnie und zog einen Geldbeutel aus seiner Tasche.
Britta starrte ihn an. Er hatte doch nicht etwa …?
"What's wrong?", fragte er. "You look like you**'ve seen** a **ghost**."
Britta fühlte sich auch so. Sie versuchte sich genau an die Szene mit den beiden Japanerinnen zu erinnern, aber sie hätte nicht sagen können, ob Winnie sie nun beklaut hatte oder nicht. War er so geschickt? Sie musste einfach besser aufpassen.
"It's nothing", sagte sie und hielt ihre Geldbörse hoch. "**It's my treat** today", fuhr sie fort und lief zur nächstgelegenen Eisdiele.

Britta ließ sich Winnies Lieblingssorten sagen und stellte sich an, Winnie setzte sich derweil auf einen Poller und wartete. Während Britta in der Schlange langsam nach vorne rückte, beobachtete sie ihn. Eigentlich benahm er sich wie ein normaler Junge. Zumindest im Moment.
Endlich war sie an der Reihe und gab ihre Bestellung auf. Beladen mit zwei Riesenbechern Eis lief sie zu Winnie zurück, doch der war verschwunden. Irritiert schaute Britta sich um. Wo war er denn jetzt schon wieder?
Sie entdeckte ihn vor einem Jeansladen, im Gespräch

've (=have) seen hast gesehen
ghost Geist
it's my treat du bist eingeladen

mit drei jungen Mädchen. Alle vier lachten laut und heftig.
Als er Britta auf sich zukommen sah, sagte er etwas zu den Mädchen, die sich daraufhin zu Britta umdrehten, dann etwas zu Winnie sagten und wie auf Kommando wegliefen. Er kam Britta entgegen und nahm seinen Eisbecher.
"Who were they?", wollte Britta wissen und hoffte, ihre Frage würde harmlos klingen.
"Oh, just some girls", erwiderte Winnie. "I don't know them. We just talked. Well, we **sort of** talked. They **spoke** a **funny** language. Must have been **Danish** or **Swedish**", fügte er hinzu.
Britta machte nur: "Hmm!" Schweigend liefen sie durch die Fußgängerzone und aßen ihr Eis.
"May I ask you something?", begann Britta schließlich.
"Sure."
"How did you come to Vienna?" Britta schluckte, als sie Winnies Miene sah, aber sie war entschlossen, das jetzt ein für allemal zu klären. "I mean, were you **alone**?"

---

sort of sozusagen
spoke haben gesprochen
funny komisch
Danish Dänisch
Swedish Schwedisch
alone allein

Winnie nickte.
"How old were you? Did someone take care of you? Did you come by boat **via Italy**? I saw a film about boat people on TV", sprudelte es aus Britta hervor.
"**Whoa**, whoa, hold on", stoppte Winnie ihren Redefluss. "Too many questions."
Britta starrte ihn trotzig an. Schließlich sagte sie: "Who are you?"
Winnie sagte lange nichts, spielte mit seinem leeren Eisbecher, blickte endlich auf und meinte: "Sometimes I don't really know."
"That **doesn't answer** my question", sagte Britta wütend. Allmählich hatte sie Winnies Spielchen satt. "I think **I'd better** go home", sagte sie frustriert.
Winnie hielt Britta am Ärmel fest. "No!", rief er. "Don't go! Please." Er schaute sie ernst an. "I'm sorry. Really. I'm sorry. Please don't go." Es klang, als meinte er es so. Britta blieb stehen, wandte sich jedoch nicht um.
"It's ...", begann Winnie. Britta wartete ab. "It's only ... I just want to **forget** everything that **happened** to me. It was a hard time and all I want is to forget."

---

via Italy über Italien
Whoa! Halt!
doesn't answer beantwortet nicht
I'd better ich sollte besser
forget vergessen
happened ist geschehen

Brittas Augen füllten sich mit Tränen. Was war sie doch für ein Idiot! Langsam drehte sie sich um. Winnie stand mit hängenden Schultern vor ihr.
“It’s me who should be sorry”, sagte sie leise. “No more questions, okay?”
“Okay”, erwiderte Winnie leise.
Schweigend gingen sie weiter.
“Let’s go to the opera now”, sagte Winnie plötzlich. Britta starrte ihn an. Keine Spur mehr von Traurigkeit in seinem Gesicht, er war wieder der lustige, fröhliche Winnie. Wie machte der Typ das? Auf alle Fälle war der Witzige ihr lieber als der Traurige, deshalb stimmte sie zu.
“Great! You’ll see, it’s lots of fun. Trust me”, sagte Britta ein ums andere Mal.

Britta wusste von Robert, dass die Oper während der Sommermonate für Renovierungsarbeiten geschlossen war. “There’s a **construction site around** the **corner**”, erklärte sie, als sie vor dem Haupteingang standen. “It’s no problem at all to **get in**.”
Sie liefen um das Gebäude herum und fanden tatsächlich eine Baustelle. Eine der Flügeltüren, die in das Haus führten, stand offen. Weit und breit war kein Mensch zu sehen. Britta nahm Winnie an der

---

construction site Baustelle
around um
corner Ecke
get in reinkommen

Hand und zog ihn ins Innere der Oper. Es war kühl und dunkel.
"**Welcome** to the Opera", flüsterte Britta mit geheimnisvoller Stimme in Winnies Ohr.

welcome willkommen

In der Oper

Als sich ihre Augen an die Dunkelheit gewöhnt hatten, deutete Britta auf eine große Steintreppe.
"**Imagine** me in a **splendid gown** up there", flüsterte sie.
Winnie nickte nur. Staunend sah er sich um.
"Let's go **this way**", sagte Britta und zog ihn mit sich. Sie schlichen durch eine Tür, gingen einen schmalen Gang entlang und gelangten durch eine weitere Tür in den Zuschauerraum. Die Logen und Sitzreihen waren natürlich leer. "Quite **spooky**, isn't it?", meinte Britta grinsend. Winnie zog eine Grimasse.
"It's much more **impressive** when **the lights are on**", fuhr Britta fort. "The **chandelier** is amazing."
Winnie folgte ihrem Blick nach oben. Der Kronleuchter hing im Moment eher glanzlos von der Decke.
"Did you know that you can look down from up

---

imagine stell dir vor
splendid prächtig
gown Ballkleid
this way hier entlang
spooky unheimlich
impressive beeindruckend
(when) the lights are on (wenn) die Lichter an sind
chandelier Kronleuchter

there?", wollte Britta wissen. "You can **climb** up to the roof and **have a look**. It's quite **high**", fügte sie hinzu.
"I can imagine", flüsterte Winnie.
"Let's go on, **backstage** is much more fun." Britta winkte ihn weiter. Da hörten sie plötzlich Stimmen. Instinktiv gingen die beiden zwischen den Stuhlreihen in die Hocke. Britta lugte vorsichtig über eine Rückenlehne und sah zwei Arbeiter im Blaumann, die sich im breitesten Wienerisch unterhielten. Vor der Bühne blieben sie stehen und gestikulierten heftig.
"My knee hurts", stöhnte Winnie.
"Ssssh", machte Britta leise nach unten. Das fehlte noch, dass sie erwischt wurden.
Endlose Minuten vergingen, bevor die Arbeiter endlich den Zuschauerraum durch eine Seitentür verließen.
"The **air** is **clear**", sagte Britta und richtete sich auf.
"It's the **coast**", verbesserte Winnie und rieb sich das schmerzende Knie. "**The coast is clear**."
"I see", meinte Britta. "What's wrong with your knee?"

---

climb klettern
have a look es dir ansehen
high hoch
backstage hinter der Bühne
air Luft
clear klar, rein
coast Küste
The coast is clear. Die Luft ist rein.

"I had an **accident** last year. Since then I can't **kneel** for long", erklärte Winnie. "I'm an old man", fügte er grinsend hinzu.
"Come on, old man", sagte Britta lachend. "Let's go on."
Winnie wollte durch eine der Seitentüren hinausgehen, aber Britta hielt ihn zurück.
"No, this way. I know some really interesting places in here."
Winnie folgte Britta ein paar Stufen hinunter in den Orchestergraben und durch eine Tür in einen weiteren schmalen und dunklen Gang. "Where are we?", wollte er wissen.
"Below **stage**", sagte Britta. "Or **almost** below it." Sie lief voraus, öffnete eine Tür und winkte ihn mit einer angedeuteten Verbeugung hindurch.
"Wait a moment until your eyes **adjust**", sagte sie. "You'll see – it's amazing."
"I've got a better idea", sagte Winnie. Es gab ein ratschendes Geräusch und Licht flammte auf. Er hielt ein brennendes Streichholz in der Hand. Dunkle, unheimliche Schatten tanzten an der Wand.
Winnie schaute sich um. "Where are we?"

---

accident Unfall
kneel knien
stage Bühne
almost fast
adjust sich anpassen

"It's called the **understage**", sagte Britta stolz.
"Wow", machte Winnie. Er war beeindruckt.
"Look", rief Britta und deutete auf ein Monstrum direkt vor ihnen. "That's one of the **stage sets**. They can **move** it up and down as they need it **during** the **performance**."
Winnie ließ sich von Brittas Begeisterung anstecken. Das Streichholz war längst ausgegangen, aber ihre Augen hatten sich inzwischen an das Dämmerlicht gewöhnt.
Aufgeregt liefen sie zu den einzelnen Sets und Kostümen und riefen sich gegenseitig zu: "Look at that!"
"I love this place", schwärmte Britta. "It's like a **different** world."
"Yes, it's amazing", stimmte Winnie zu. "What do you think? Can I **try this on**?" Er hielt ein Piratenkostüm hoch.
Britta zögerte. "I'm not sure."
"Come on. I always wanted to be a **pirate**", bettelte Winnie.
Britta ließ sich schließlich erweichen. "Okay, but

---

understage Unterbühne
stage sets Kulissen
move bewegen
during während
performance Aufführung
different andere
try this on das anprobieren
pirate Pirat

take care with the **costume**. It's quite **valuable**."
"Sure", versicherte Winnie und schlüpfte aus seiner Jeans. Britta musste kichern, als er in bunten Boxershorts vor ihr stand.
"Hey, **turn around**!", rief Winnie mit gespielter Empörung und hielt sich das Kostüm vor den Körper. "You're not supposed to see me like this."
Britta drehte sich folgsam um. Winnie raschelte und schimpfte leise vor sich hin, weil offensichtlich irgendetwas klemmte, aber schließlich rief er: "Turn around and look!"
Britta wandte sich um und traute kaum ihren Augen. Vor ihr stand ein echter Pirat.
"Wow", sagte sie. "You look great. Like a **real** pirate." Sie ging voller Bewunderung auf Winnie zu.
Plötzlich ertönten Schritte. Britta stoppte inmitten ihrer Bewegung. Sie fühlte eine Gänsehaut auf ihren Armen und auf dem Rücken. Die Schritte kamen näher, klangen so nah, dass man meinte, man müsse den Verursacher doch sehen, dann entfernten sie sich wieder.
Winnie war aschfahl geworden.
Aber Britta lachte plötzlich erleichtert auf und sagte:

---

costume Kostüm
valuable wertvoll
turn around dreh dich um
real echt

"It's the **workmen** up there." Sie deutete an die Decke. "They're **probably centre stage**, and that's what we can hear."
"Are you sure?", hakte Winnie nach.
Britta lachte leise. "No, I'm not sure, I just hope so. But you should **take off** the costume."
Winnie hatte bereits begonnen sich wieder umzuziehen. Britta nahm die abgelegten Kleidungstücke und hängte sie ordentlich auf. Hose, Hemd, Weste, Tuch und Augenklappe.
"That's it?", fragte sie.
Winnie nickte und schlüpfte in sein T-Shirt.
"Ready", sagte er.
Britta wandte sich Richtung Ausgang. "Let's go upstairs and **try** to find the place above the chandelier."
Sie gelangten zu einem Treppenhaus, das lange nicht so prächtig aussah wie das erste. Britta lief hinauf in den vierten Stock.
"Here are the rooms where the **singers study** their parts", sagte Britta, als sie Roberts Arbeitsplatz erreicht hatten.

---

workmen Arbeiter
probably wahrscheinlich
centre stage mitten auf der Bühne
take off ausziehen
try versuchen
singers Sänger
study (ein)studieren

"Let's have a look", bat Winnie. Er versuchte mehrere Türen, bis er eine gefunden hatte, die nicht verschlossen war. Mit einem leisen Freudenschrei betrat er den Raum. Das Zimmer war relativ klein und wurde von einem großen Flügel beherrscht.
"A real piano", staunte er und klappte den Flügel auf.
"I don't think you should do that", flüsterte Britta aufgeregt, hielt aber erstaunt den Mund, als Winnie zu spielen begann. Es klang fantastisch. Er spielte erst etwas Klassisches, schien dann zu improvisieren, spielte danach einen alten Schlager, dessen Titel Britta nicht einfiel, und wechselte schließlich mühelos zu einem Walzer.
Britta setzte sich auf einen der drei Stühle, die an der Wand aufgereiht waren, und lauschte voller Bewunderung. Doch so plötzlich, wie Winnie begonnen hatte, hörte er auch wieder auf.
"That was **wonderful**", sagte Britta und klatschte.
"It's okay", brummte Winnie verlegen.
"How come you know how to play?"
"I learned years ago. It was in a different life", sagte Winnie, schloss den Flügel und strich liebevoll über das polierte Holz.
"You should play **more often**", meinte Britta.

---

wonderful wunderbar
more often öfter

"Yeah, I know", erwiderte Winnie und ging Richtung Tür. "I would love to be a **musician**. I'm going to tell you a **secret**, but **you're not allowed** to tell anybody, okay?"
Britta nickte ernst.
"I love the opera."
"What?" Britta glaubte sich verhört zu haben. "But **earlier** you said ..."
"I know", sagte Winnie. "I've never **told** anyone. You're the first." Er drehte sich nach dem Flügel um und seufzte. "I'd love to be an opera singer."
Bevor Britta etwas sagen konnte, war Winnie auf den Flur und die Treppe hinuntergelaufen.
"Wait for me", rief sie und hielt sich erschrocken die Hand vor den Mund, aber offensichtlich hatte niemand sie gehört. Sie sprang immer zwei Stufen auf einmal hinunter und holte Winnie bald ein.
"What now?", fragte er, als sie im Erdgeschoss angekommen waren.
"Let's go", schlug Britta vor. "I need **fresh** air and **sunshine**."

---

musician Musiker
secret Geheimnis
you're not allowed du darfst nicht
earlier früher; vorhin
(have) told (habe) erzählt
fresh frisch
sunshine Sonnenschein

Tourist Guide

Als sie durch den Seiteneingang wieder aus dem Gebäude schlüpften, wurden sie vom gleißenden Sonnenschein geblendet. Blinzelnd standen sie eine Weile im Türbogen und versuchten sich nach dem Halbdunkel der Oper an das helle Tageslicht zu gewöhnen.

"I'm hungry", sagte Britta.

"Me too", meinte Winnie. "Let's have some pizza."

Sie liefen zur Fußgängerzone zurück, in der sich die Menschen drängten. Winnie verzog das Gesicht.

"What's wrong?", wollte Britta wissen.

"It's too **crowded**", meinte er. "Let's go **somewhere else**."

Britta zögerte. Sie kannte eine Pizzeria im 5. Bezirk, aber sie hatte Angst, irgendeinem Bekannten über den Weg zu laufen. Da war die Fußgängerzone sicherer.

"Let's look in the **side streets**, maybe we'll find a **quiet** place there", schlug sie deshalb vor.

"Good idea", stimmte Winnie zu und lief los. Doch sie kamen wieder nur ein paar Meter weit, denn eine amerikanische Familie hielt sie auf.

---

crowded überfüllt
somewhere else woanders hin
side streets Seitenstraßen
quiet ruhig

"Excuse me, can you help us?", fragte der Mann Winnie.
"I'll try to, **sir**", erwiderte Winnie artig.
Alle vier Familienmitglieder trugen weite Shorts, T-Shirts und Turnschuhe. Die beiden Töchter standen kichernd neben ihrer stark geschminkten Mutter.
"Hi", sagte Britta freundlich zu den beiden.
"Hi", erwiderten sie. In ihren Mündern blitzten Zahnspangen. "I'm Sandy", sagte die ältere und deutete dann auf ihre jüngere Schwester. "And this is Helen."
"**Nice to meet you**", sagte Britta die übliche Floskel, während sie versuchte auf Winnie zu achten. Er durfte dem Vater nicht zu nahe kommen. "My name's Britta. Is this your first **visit** to Vienna?"
Die Mädchen nickten. "Do you live here?"
Britta zögerte kurz, fand dann, dass ihre Familienverhältnisse zu kompliziert waren, um sie Fremden erklären zu wollen, und nickte ebenfalls. "Yes, I live here. Do you like Vienna?"
"Oh yes", stimmten die Mädchen zu. "It's a **lovely** city."
"Where are you from?", wollte Britta wissen.

---

sir mein Herr
Nice to meet you. Freut mich, euch kennen zu lernen.
visit Besuch
lovely schön, hübsch

"We're from Montana. Lots of **mountains**, no big cities", sagte Sandy. "Quite boring."
Winnie hatte in der Zwischenzeit mit dem Vater gesprochen, stand jedoch in gebührendem Abstand zu ihm. Britta sah keine Möglichkeit für ihn, ihm etwas zu stehlen.
"I need your help", sagte Winnie und stupste sie an. "Which way would you take to the Kapuzinergruft?" Er sprach es *Käppusseinergroft* aus.
Britta überlegte kurz. Dann wandte sie sich um und zeigte den Weg. "Turn right at the next side street and go **straight on** until you **reach** a small **square**. The Kapuzinergruft is **on the left-hand side**."
Sandy und Helen schienen Gefallen an Winnie zu finden, denn sie rückten ihm ziemlich auf die Pelle.
"Do we know you?", sagte Sandy.
Britta schaute das Mädchen überrascht an.
Winnie schüttelte jedoch den Kopf. "No, you don't know me", erwiderte er gelassen.
"**You look somehow familiar**", pflichtete Helen ihrer Schwester bei.

---

mountains Berge
straight on geradeaus
reach erreichen
square Platz
on the left-hand side auf der linken Seite
You look somehow familiar. Du kommst mir irgendwie bekannt vor.

I love
Montana

Winnie grinste verlegen. "Well, maybe **you're mixing me up with** Michael Jackson", scherzte er. Alle lachten außer Britta.
Sie wusste nicht, um wen sie sich mehr Sorgen machen sollte. Um die Familie, die Gefahr lief, ihres Geldes beraubt zu werden, oder um Winnie, dem die Situation eindeutig aus irgendeinem unerfindlichen Grund unangenehm war.
Sie beschloss einzugreifen.
"I'm sorry, but we have to go", sagte sie. "We're meeting my parents and we're **already** late. I hope **we've been able to** help you. Have fun in Vienna." Sie zog Winnie mit sich.
"Thanks", murmelte Winnie, als sie außer Hörweite waren. "I thought they were going to **eat** me **up**."
"You're welcome", erwiderte Britta, aber sie meinte es nicht so. Wer war der Junge an ihrer Seite?
Sie fanden einen Stand, an dem sie zwei Stücke Pizza und etwas zu trinken kauften, und setzten sich an einen der Tische, die inmitten der Fußgängerzone standen.
Plötzlich kamen zwei Mädchen auf sie zugerannt, hielten Winnie einen Stadtplan von Wien hin und riefen: "Please, please give us your **autograph**!"

---

you're mixing me up with du verwechselst mich mit
already schon
we've been able to wir konnten
eat up aufessen
autograph Autogramm

Winnie sprang auf. “Leave me alone!”, rief er, stieß seinen Stuhl weg und rannte los.
Britta saß da wie vom Donner gerührt.
Winnie drehte sich um und blaffte sie an: “Are you coming or not?”
Langsam stand sie auf, entschuldigte sich bei den Mädchen und ging provozierend langsam auf Winnie zu.
Als sie ihn erreichte, wollte er weiter, doch sie hielt ihn fest.
“I don’t know who you are and I’m not sure I want to know. But you can’t **treat** those girls like that.”
Winnies Miene wechselte von Wut über Verzweiflung zu Zerknirschtheit.
“You’re right”, brummte er leise. “I’m sorry.”
“Don’t apologize to me. You **hurt their feelings**”, sagte Britta und deutete auf die Mädchen, die immer noch mit weit aufgerissenen Augen neben dem umgeworfenen Stuhl standen.
“Okay, then”, seufzte Winnie. “I’ll **act** the part.” Er ging zu den beiden zurück, nahm den Stadtplan, kritzelte irgendetwas darauf und gab ihnen die Hand. Die beiden lächelten ihn glücklich an und rannten dann laut kreischend davon.
Crazy girls, dachte Britta. Laut sagte sie spöttisch:

---

treat behandeln
hurt their feelings hast ihre Gefühle verletzt
act spielen

"Good boy", als Winnie wieder neben ihr stand. Er grinste nur. "It might be fun to be famous", sagte er. Britta zuckte mit den Schultern. "I'm not so sure about that. It may be fun for **a while** but then it must be quite ..." Sie suchte nach dem richtigen Wort.
"**Annoying**?", half Winnie aus. "It means **it gets on your nerves** after a while."
"That's what I meant", stimmte Britta zu.
"Can we please leave now?", fragte Winnie und deutete auf einen Pulk Mädchen, der suchend durch die Fußgängerzone strich.
"Do you think they're looking for you?"
"No, of course not. I must have a famous **look-alike**", knurrte Winnie.
"Let's go to the Stadtpark", schlug Britta vor. "It's very nice and usually it's not so crowded."
"Good idea", sagte Winnie und ging los.
"Hey", rief Britta.
Er drehte sich um und schaute sie fragend an. Sie deutete in die entgegengesetzte Richtung. "It's this way."
"Right", meinte Winnie. "That way."

---

a while eine Weile
annoying nervig
it gets on your nerves es geht dir auf die Nerven
look-alike Doppelgänger

Noch mehr Fragen

Wie Britta vermutet hatte, war es im Stadtpark angenehm leer und ruhig. Sie suchten sich eine abgelegene Stelle auf einer Wiese und legten sich ins Gras. Winnies Tasche lag zwischen ihnen, doch Britta wagte nicht sie anzufassen oder gar hineinzuschauen. Sie zögerte lang, stellte dann aber doch die Frage: "Who are you?"
Winnie gab nur eine Mischung aus Knurren und Seufzen von sich.
"Why do you want to know?", sagte er schließlich. "Why can't you just **accept** me **the way I am?**"

"But I do accept you as you are", widersprach Britta. "I just would like to know you better."
"No, you wouldn't", meinte Winnie nur und drehte sich demonstrativ weg.
"Okay, okay, no more questions", sagte Britta schließlich.
"Promise?" Winnie blinzelte sie an.
"I promise", meinte sie und legte zum Zeichen dafür die Hand auf die Brust. Sie lagen eine Weile stumm nebeneinander und genossen den Sonnenschein.
"Who are you?", fragte Winnie plötzlich.
Britta starrte ihn überrascht an. "Didn't we say no more questions?", sagte sie schließlich.

---

accept akzeptieren
the way I am so wie ich bin

"Well, yes, you're right", gab Winnie grinsend zu. "It's just … you're an interesting little person."
Britta schnaubte wütend. Little person, pah!
"Okay, you are an interesting person", sagte Winnie. "Better?"
"Much better", bestätigte Britta, sagte aber weiter nichts.
"Come on, tell me something!", rief Winnie in gespielter Verzweiflung.
"**You're a fine one to ask**", erwiderte Britta nur mürrisch.
Winnie seufzte. "Okay, what do you want to know?"
Britta schaute ihn erstaunt an. Würde er ihr tatsächlich etwas über sich erzählen? Sie hatte so viele Fragen gehabt, doch jetzt wollte ihr keine einfallen.
"Why aren't your **clothes dirtier**?", war das Erste, was ihr in den Sinn kam.
Winnie grinste. "That's an easy one", sagte er. "I take **regular** showers, **for example** in a hotel …", er grinste noch breiter, "and I wash my clothes. Living on the street doesn't **necessarily** mean you're **filthy.**"

You're a fine one to ask. Das fragst ausgerechnet du.
clothes Kleider, Kleidung
dirtier schmutziger
regular regelmäßige
for example zum Beispiel
(not) necessarily (nicht) unbedingt
filthy dreckig

Das klang überzeugend. Aber Britta war noch nicht zufrieden.
"Your jeans look quite new", bemerkte sie spitz.
"That's because they are new", antwortete Winnie.
"You **didn't steal them**, did you?"
Winnie lachte laut. "No, I didn't steal them. I paid for them."
"Where did you get the money from?" Britta hielt den Atem an. Was würde er sagen?
"I **earned** it", antwortete Winnie.
Britta schaute ihn zweifelnd an. Er verdiente es? Was verstand er darunter? Dass er fremden Leuten das Geld klaute? In seinen Kreisen bezeichnete man das womöglich als verdienen.
Winnie hob abwehrend die Hände. "Don't look at me like that", sagte er. "Believe me, I earned it. I wash cars, I help the **showmen** at the Prater, I do **odd jobs** like that." Er verzog das Gesicht zu einer Grimasse. "I'm not as bad as you think I am."
"I don't think you're bad", widersprach Britta, aber sie hörte selbst, dass es nicht überzeugt klang.
"Okay, **now it's your turn**", verlangte Winnie. "Tell me something about you."
"What do you want to know?"

---

didn't steal them hast sie nicht gestohlen
earned habe verdient
showmen Schausteller
odd jobs Gelegenheitsjobs
Now it's your turn. Jetzt bist du an der Reihe.

"Everything!", rief Winnie laut und lachte. Er hob beschwörend die Hände und ergänzte: "Whatever you want to tell me."
"There's not much to tell", warnte Britta. "I live in Munich with my father. My parents **got divorced** three years ago and my mother **moved** to Vienna because she **was born** here. She **met** this **guy** called Robert and **married** him. They have a little boy called Kevin."
"Do you like your **stepfather**?"
Britta zuckte die Achseln. "He's quite nice", sagte sie.
"What about your little brother?"
"He's too small to be fun", gab Britta zu. "He's still a baby." Britta dachte einen Moment lang nach. "I'd always hoped that my parents would **get back together** again", sagte sie plötzlich leise.
Erstaunt schaute Winnie sie an. "What?", wollte er wissen.
Aber Britta schüttelte nur den Kopf. Es war das erste Mal, dass sie über ihren heimlichen Wunsch gespro-

---

got divorced haben sich scheiden lassen
moved ist umgezogen
was born wurde geboren
met hat getroffen
guy Typ
married hat geheiratet
stepfather Stiefvater
get back together wieder zusammenkommen

chen hatte, und dann hatte sie es ausgerechnet einem Taschendieb und Herumtreiber erzählt!
"Well, a family like that is **definitely** better than no family at all", stellte Winnie trocken fest.
Britta wandte sich ihrem Freund zu. Seine Augen glänzten verdächtig. Sie legte ihre Hand auf seinen Arm.
"I'm sorry. I'm so stupid", sagte sie.
"No, you're not stupid", widersprach Winnie. "I'm the stupid one, believe me."
Als Britta wissen wollte, was er damit meinte, sprang er auf und sagte: "Let's do something crazy."
Britta seufzte. Warum nur wich er ihr immer wieder aus? Laut sagte sie: "Again?" Sie hatte die Nase voll von Verrücktheiten. Viel lieber würde sie hier liegen bleiben und sich mit ihm unterhalten. Endlich behandelte er sie nicht wie ein Baby, das man ständig beschäftigen musste, damit es nicht quengelte.
"You're right", meinte Winnie mit einem Blick auf seine Armbanduhr. "It's quite late – it's after seven already. I should go back."
"Back where?", fragte Britta schnell.
Winnie drohte ihr grinsend mit dem Zeigefinger. "**You'd make** a great **detective**", sagte er. "Back to my buddies, of course", ergänzte er dann. Er stand

---

definitely ganz bestimmt
You'd make ... Du würdest ... abgeben
detective Detektiv(in)

auf und klopfte sich das Gras vom Hosenboden. Dann hielt er Britta die Hand hin und zog sie hoch. "**Will we meet up** tomorrow?", wollte Britta wissen, während sie Richtung Ausgang gingen. Ihre Mutter wäre sicher nicht begeistert, wenn sie von Winnie wüsste, aber Britta war fest entschlossen schöne Ferien zu verbringen. Winnie bedeutete Spaß, und auch wenn er vermutlich ein Taschendieb war, so war es immer noch besser, mit ihm zusammen zu sein als mit der aufgeblasenen Alison.

Winnie zögerte, und Britta beschlich ein seltsames Gefühl.

"I won't see you again, will I?", stellte sie ernüchtert fest.

"**Um**", machte Winnie. "I don't know how to say it but you're right. We won't see each other again."

Obwohl Britta sich die Antwort denken konnte, fragte sie trotzdem: "Why?"

Und tatsächlich: "Don't ask, please."

Britta kämpfte mit den Tränen.

"Let's say **goodbye** here. It was really nice meeting you, Britta", sagte Winnie zum Abschied und hauchte ihr einen Kuss auf die Wange. Dann drehte er sich um und lief davon.

Britta starrte ihm nach. Sekundenlang war sie ver-

Will we meet up? Werden wir uns treffen?
um ähm; hm
goodbye auf Wiedersehen

sucht ihm hinterherzulaufen, aber dann siegte ihr Stolz. Das hatte sie nicht nötig! Sie wischte sich die Tränen mit dem Ärmel aus dem Gesicht und schniefte.
"Blöder Idiot", sagte sie mehrmals laut und fühlte sich gleich etwas besser. Dennoch konnte sie nicht verhindern, dass ihr auf dem Heimweg immer wieder die Tränen in die Augen traten.

Zu Hause wollte Britta sich sofort in ihr Zimmer schleichen, aber ihre Mutter fing sie ab: "Wo kommst du her?"
Das hatte Britta befürchtet. "Ich war mit Alison unterwegs", log sie, ohne mit der Wimper zu zucken. "Ich war mit ihr am Filmset."
"Und warum ruft Alison dann seit einer geschlagenen Stunde an und will dich unbedingt sprechen?", sagte ihre Mutter mit deutlichem Ärger in der Stimme.
Ich dumme Kuh, dachte Britta. Warum hatte sie Alison nicht informiert? Aber was hätte sie sagen sollen? Hey, listen, I met this guy and I'd like to **spend the day** with him but my mum isn't supposed to know? Na ja, warum nicht. Alison hätte wahrscheinlich gedacht, sie hätte sich verliebt, und nur zu gern mitgespielt.

---

spend the day den Tag verbringen

“Ich weiß nicht, wir haben uns in der U-Bahn getrennt. Ich war noch auf dem Markt”, sagte Britta in der Hoffnung, ihre Mutter würde ihr glauben.

Die schien jedoch nicht überzeugt. “Du konntest Alison doch nie leiden. Warum verbringst du plötzlich so viel Zeit mit ihr?”, bohrte sie nach.

Britta zuckte die Achseln. “Ich hab meine Meinung eben geändert. Es ist immer noch besser, sich mit Alison zu treffen, als hier herumzuhängen.” Sie musste unbedingt sofort mit Alison reden.

“Irgendetwas stimmt hier nicht”, sagte ihre Mutter und seufzte. “Ich wünschte, du hättest mehr Vertrauen zu mir.”

Darauf wusste Britta nichts zu erwidern. Ihrem Vater hätte sie spätestens jetzt von Winnie erzählt, aber ihrer Mutter? Die machte doch immer gleich so einen Aufstand. Da war eine Notlüge besser.

Noch ein Diebstahl

Britta ging in ihr Zimmer und warf sich aufs Bett. Warum war ihr Leben plötzlich so chaotisch? Sie war sich nicht sicher, ob das wirklich besser war als die befürchtete Langeweile.
Und was wollte Alison von ihr? Sie hatte noch nie von sich aus hier angerufen. Sie musste unbedingt herausfinden, was da los war.
Doch als Britta in den Flur schleichen wollte, um das Telefon zu holen, rief ihre Mutter sie zum Abendessen.
"Where's Kevin?", wollte Britta wissen.
"**He's asleep**", erwiderte Robert. "He's very **ill**."
"Ich werde morgen mit ihm zum Arzt gehen", sagte Brittas Mutter.
Britta hatte keinen Hunger, aber sie schmierte sich ein Brot, damit keiner Fragen stellte. Doch ihre Sorgen waren unberechtigt, denn ihre Eltern waren mit einem ganz anderen Thema beschäftigt. In der Oper hatte es einen Diebstahl gegeben.
"It's nothing really valuable", sagte Robert kauend. "It just shows you really can't trust anybody **any more**."
"Do you know who it was?", fragte Brittas Mutter.

---

he's asleep er schläft
ill krank
(not) any more (nicht) mehr

Robert schüttelte den Kopf. "No. But I **suspect** it was one of the workmen. They have **access to all areas**. **Though** I really don't know why one of them would steal a **brooch**."
Plötzlich wurde Britta ganz heiß und kalt. Eine Brosche? Sie musste sich erst räuspern, bevor sie fragen konnte: "A brooch? **What kind of** brooch?"
Robert wandte sich ihr zu. "It **belongs** to a pirate costume. It's not very valuable, as I said, but it'll be a lot of **trouble** to **get it done** again. It was **made specially** for us years ago by a very **talented** artist."
"Why don't you ask him again?", fragte Britta betont ruhig und hoffte, ihre Eltern würden ihre Unruhe nicht merken. Ausgerechnet ein Piratenkostüm! Was war nur in Winnie gefahren?
"He died", sagte Robert, und im ersten Moment wusste Britta nicht, wen er meinte. Dann fiel es ihr ein. Der Künstler, der die Brosche gemacht hatte.

---

suspect vermute; verdächtige
access to all areas Zugang zu allen Räumen
though obwohl
brooch Brosche
what kind of was für eine
belongs gehört
trouble Ärger
get it done es machen lassen
(was) made (wurde) gemacht
specially extra
talented begabt

"But you can ask **another** artist, can't you?", wollte sie wissen.
Robert nickte. "Of course, but it's difficult to find someone who **is familiar with** all the details. That's why it's so annoying that it was **stolen**."
"Are you sure it hasn't just **fallen off** somewhere?"
Britta musste unwillkürlich grinsen. Ihre Mutter war immer so praktisch veranlagt.
Auch Robert konnte sich ein Lachen nicht verkneifen. Er tätschelte den Arm seiner Frau und sagte: "Darling, of course we've **searched** for it. Believe me, it's gone."
Sie redeten noch eine Weile über den an sich harmlosen Diebstahl in der Oper und dann über Kriminalität allgemein. Britta klinkte sich aus.
Sie war sich nicht sicher, ob sie wütend oder eher traurig war. Okay, sie hatte ja von Anfang an gewusst, dass es sich bei Winnie um einen Taschendieb handelte, immerhin hatte sie ihn beobachtet. Aber weil er auch ein lustiger, na ja, eher verrückter Typ war, hatte sie die beiden Tage mit ihm verbracht. Dass er jedoch ihr Vertrauen missbraucht und etwas gestohlen hatte, als er mit ihr zusammen war, nahm

---

another ein(e) andere(r)
is familiar with mit ... vertraut ist
(was) stolen (wurde) gestohlen
(has) fallen off (ist) runtergefallen
(have) searched (haben) gesucht

sie ihm wirklich übel. Konnte er nicht anders? Musste er dauernd stehlen, egal was?

“Ich bin fertig”, sagte Britta. “Kann ich in mein Zimmer gehen?”

Sie bekam die Erlaubnis und verzog sich. Sie musste in Ruhe nachdenken. Da war der Diebstahl am Filmset, der Einbruch und Diebstahl im Hotel Sacher und schließlich der Diebstahl in der Oper. Das konnte kein Zufall mehr sein, denn jedes Mal war Winnie da gewesen. Er hätte jedes Mal die Gelegenheit gehabt. Hatte er sie genutzt?

Britta schnaubte wütend. Kein Wunder, dass er sie nicht mehr sehen wollte. Wahrscheinlich hatte er Angst, sie würde ihm auf die Schliche kommen. Oder hatte er ihr gegenüber vielleicht doch ein schlechtes Gewissen?

Britta dachte nach. Es gab nur eine Möglichkeit den Diebstahl aufzuklären: Sie musste am nächsten Tag wieder in den Prater, Winnie suchen und ihn zur Rede stellen. Ob er ihr die Wahrheit sagen würde, war eine andere Frage, aber sie musste es versuchen. Sie hatte sich eingebildet, dass sie in den beiden Tagen so etwas wie Freunde geworden waren. Hatte sie sich getäuscht?

Um sich abzulenken, holte Britta das Telefon und rief Alison an.

Alison war sofort am Apparat. “Why didn’t you tell me?”

Britta reagierte verblüfft. "Why didn't I tell you what?" Was war denn mit Alison los? Gar keine Tiraden über ihre erfolgreiche Filmkarriere?
"That you know him."
"What are you talking about?", sagte Britta ratlos in den Hörer.
"Come on, you should have told me", rief Alison empört.
"Alison, what are you talking about?"
Alison lachte. "Don't **deny** it. I saw the two of you in the **pedestrian zone**. You make a nice **couple**."
Britta wurde abwechselnd kalt und heiß. Na toll. Wenn Alison sie mit Winnie gesehen hatte, wusste es bald die halbe Stadt. Und damit auch ihre Mutter.
"We're not a couple", zischte sie ungnädig.
"That's not how it looked", beharrte Alison. "Come on, you must tell me everything. Why don't you come over to my house?"
Das fehlte gerade noch! Fieberhaft überlegte sie, wie sie sich aus der Affäre ziehen könnte. Dann fiel ihr etwas ein:
"Umm, I'm sorry but my mum is quite **angry** with me. She said I'm not allowed to **leave** the house today or tomorrow."

---

deny bestreiten
pedestrian zone Fußgängerzone
couple Paar
angry wütend
leave *hier:* verlassen

"You**'re grounded**?"
"If that's the **expression** for it", sagte Britta. Sie sah sich mit am Boden festgeklebten Füßen in ihrem Zimmer stehen und grinste.
"My mum could talk to your mum", schlug Alison vor.
"No, it's fine", sagte Britta. "Listen, I have to go. My mum's calling me." Sie legte einfach auf.
Britta seufzte. Jetzt hatte sie gleich zwei Probleme am Hals. Sie musste verhindern, dass ihre Mutter von Winnie erfuhr. Und sie musste die Brosche zurückbringen. Nur: Wie sollte sie das anstellen?
Ratlos lag Britta auf ihrem Bett und dachte nach. Sie kam zu dem Entschluss, dass Alison sicher nicht mehr anrufen würde. Das größere Problem war, Winnie zu finden. Obwohl: Heute hatte es auch geklappt. Aber da waren sie auch verabredet gewesen. Was, wenn Winnie ahnte, dass sie ihn suchen würde, und gar nicht in den Prater ging?
Wie Britta es auch drehte und wendete, sie kam auf keinen grünen Zweig. Irgendwann schlief sie ein und träumte von Verfolgungsjagden im Prater.

're (=are) grounded hast Hausarrest
expression Ausdruck

Stadtbummel

Am nächsten Morgen fühlte sie sich wie gerädert. Britta stand auf und rümpfte die Nase. Sie hatte die ganze Nacht in ihren Klamotten geschlafen, eklig. Sie ging ins Bad.
"Guten Morgen", rief ihre Mutter ihr von der Küche aus zu.
"Guten Morgen, Mama", rief Britta zurück. "Ich komme gleich, ich muss nur schnell aufs Klo."
Sie absolvierte die übliche Katzenwäsche, zog sich um und ging in die Küche. Kevin lag apathisch in seinem Kinderwagen.
"Der arme Kerl", rief Britta. "Was hat er denn?"
"Er hat letzte Nacht ein paar Mal gebrochen", sagte ihre Mutter, klang aber nicht besonders besorgt. "Das kommt bei so kleinen Kindern schon mal vor. Aber um Robert zu beruhigen, gehe ich heute zum Arzt mit ihm." Sie zögerte kurz, fuhr dann fort: "Was hältst du davon, wenn du mitkommst und wir machen anschließend einen Stadtbummel, wie in alten Zeiten?"
Britta sagte erst einmal nichts. Ein Stadtbummel mit ihrer Mutter war normalerweise lustig. Aber ob es mit einem kranken Baby im Schlepptau auch so sein würde?
"Ich habe momentan nicht sehr viel Zeit für dich", sagte ihre Mutter seufzend. "Das tut mir wirk-

lich leid. Ich würde das gerne irgendwie gutmachen."
"Musst du nicht", beeilte Britta sich zu sagen. "Ich weiß, dass es im Moment nicht einfach ist."
Wenn sie mit ihrer Mutter ging, konnte sie die Suche nach Winnie vergessen. Aber wie sollte sie ihr das erklären? Tut mir leid, Mama, aber ich muss einen Taschendieb überführen? Keine gute Idee. Alison kam als Alibi auch nicht in Frage, es blieb also nur eine Zustimmung. Alles andere hätte ihre Mutter stutzig gemacht. Und sie war ja sowieso schon misstrauisch.
"Ein Stadtbummel würde mir gefallen", sagte Britta also und bemühte sich um einen erfreuten Ton.
"Schön", erwiderte ihre Mutter und meinte: "Wir müssen um halb elf los."
Britta räumte ihr Zimmer auf und schrieb Karten an ihren Vater, der gerade beruflich in New York war, an Tante Anja und deren Familie in London und an ihre neue Freundin Ciara in Irland. Sie dachte an die Pfingstferien zurück, die sie zusammen mit Tante Anja, Chris und Tommy in Schottland verbracht hatte. Auch dort hatte sie einen Dieb gejagt, aber zusammen mit den anderen war es lustiger gewesen.
Um halb elf gingen sie zum Kinderarzt, wo sie um Geduld gebeten wurden. Das Wartezimmer war voll, und Britta blieb nichts anderes übrig, als sich auf den Boden zu setzen. Gelangweilt blätterte sie die Illus-

trierten durch. Immer dasselbe Blabla, wie öde. Sie hatte gerade einen Artikel über Jungstars in Hollywood überflogen, als ihre Mutter sie rief: “Britta? Wir sind fertig.”
“Was fehlt ihm?”, fragte Britta, als sie auf der Straße standen.
“Nichts Schlimmes, zum Glück. Kevin ist Roberts erstes Kind, deshalb neigt er dazu, ein bisschen hysterisch zu reagieren”, erwiderte ihre Mutter lachend. “Was hältst du davon, wenn wir irgendwo ein Eis essen, bevor wir uns ins Getümmel stürzen?”
Britta nickte. Sie liefen Richtung Kärntner Straße und weiter zum Stephansplatz, der Britta ohne Winnie auf einmal langweilig vorkam. Sie setzten sich ins Café Haas. Britta löffelte ihren Eisbecher und beobachtete das Treiben auf dem Platz unter ihnen. Insgeheim erwartete sie, Winnie irgendwo zu entdecken, aber natürlich war er nirgends zu sehen.
“Langweilst du dich eigentlich sehr?”, wollte ihre Mutter plötzlich wissen.
Britta schüttelte den Kopf. “Nein, wie kommst du darauf?” Zumindest nicht an den letzten beiden Tagen, fügte sie in Gedanken hinzu.
“Ich weiß, du wärst gerne nach Irland geflogen, aber dein Vater und ich waren beide der Meinung, es wäre besser, wenn du zu uns nach Wien kommst.”
Britta schaute ihre Mutter erstaunt an. Davon hatte Paps ihr gar nichts gesagt.

“Ihr habt darüber gesprochen?”, fragte sie.
“Dein Vater und ich sind zwar geschieden, aber wir reden noch miteinander. Besonders, wenn es um dich geht.”
“Hinter meinem Rücken!” Brittas Empörung war gespielt und sie grinste, damit ihre Mutter sie nicht falsch verstand.
“Ja, hinter deinem Rücken.” Ihre Mutter wuschelte ihr durchs Haar. “Wir dachten, du könntest gegen Ende der Sommerferien Ciara besuchen.”
“Was?” Britta verschluckte sich fast an ihrem Eis. “Aber – aber das wäre ja wunderbar!”, rief sie und fiel ihrer Mutter um den Hals.
“Nicht so stürmisch, noch ist nichts entscheiden”, warnte diese sie.
“Das wäre so toll”, wiederholte Britta. “Und Ciara ist wirklich nett.”
“Daran zweifelt ja auch keiner. Aber wir kennen ihre Familie nicht.”
Britta zog einen kleinen Flunsch. Warum nur mussten Eltern immer so fürsorglich sein! Aber allein die Aussicht auf einen möglichen Aufenthalt in Irland ließ die nächsten zwei Wochen in Wien in einem anderen Licht erscheinen. Plötzlich wurde auch ein verrückter Typ wie Winnie zur Nebensache.
Kevin wachte auf und begann zu brüllen.
“Ich fürchte, wir müssen los, bevor Kevin die ganze Stadt zusammenschreit”, sagte ihre Mutter und lach-

te. “Und eigentlich ist es für einen Stadtbummel doch viel zu heiß. Lass uns nur noch etwas fürs Abendessen einkaufen und dann nach Hause gehen. Wir können es uns ja auf dem Balkon gemütlich machen, was hältst du davon?”

Britta willigte ein.

Auf dem Nachhauseweg kamen sie am Hotel Sacher vorbei, vor dem ein kreischender Haufen Mädchen stand. Britta sah einen roten Teppich ausliegen, der mit goldgefärbten Stangen und einer Kordel abgesperrt war.

“Was ist denn da los?”, fragte sie.

Ihre Mutter zuckte erst mit den Schultern, sagte dann jedoch: “Ist heute nicht die Premiere von diesem neuen Film? Du weißt schon, mit dem Schauspieler, den du so toll findest.”

Britta starrte sie verblüfft an. “Du meinst Orlando Bloom?”

“Keine Ahnung, wie er heißt”, meinte ihre Mutter. “Aber du hast ein Poster von ihm in deinem Zimmer.”

Britta war für einen Moment sprachlos. “Woher weißt du das?”, wollte sie schließlich wissen und ergänzte dann selbst: “Klar, von Paps.”

Ihre Mutter lachte.

“Nun lauf schon und sieh nach, was da los ist. Sonst hältst du mir das noch in fünfzig Jahren vor.”

“Danke, Mama”, rief Britta und war auch schon los-

gespurtet. Ihr Herz klopfte. Orlando Bloom, war das möglich? Sie hatte alle drei Teile vom *Herrn der Ringe* mindestens hundertmal angeschaut, nur seinetwegen. Was für ein unglaublicher Typ.

Sie drängte sich durch die Menschenmenge und provozierte damit nicht nur ein ärgerliches “Heh, pass doch auf!”, sondern auch Ellenbogen in den Rippen und wüste Beschimpfungen. Britta nahm das alles in

Kauf. Sie schaffte es zwar nicht ganz nach vorne an die Absperrung, aber sie kam doch so weit, dass sie einen guten Blick auf den Eingangsbereich des Hotels hatte.
Plötzlich begann um sie herum ein so hysterisches Gekreische, dass sie sich die Ohren zuhielt. Alle Mädchen riefen durcheinander, sodass man sein eigenes Wort nicht verstehen konnte, dennoch war Britta sich sicher, dass keine den Namen Orlando rief. Hatte ihre Mutter sich getäuscht? Na, irgendein bekannter Schauspieler würde schon auftauchen, umsonst standen die Mädchen sicher nicht hier.
Sie wollte gerade ihre Nachbarin fragen, als eine dunkle Limousine vorfuhr, und der Lärm ohrenbetäubend wurde. Britta wurde geschubst und nach vorne gedrängt und hatte Angst, über die Absperrung zu fliegen. Na toll, ihrem Schwarm direkt vor die Füße, wie peinlich!
Die Limousine hielt an, ein uniformierter Chauffeur stieg aus, ging um den Wagen herum und öffnete die hintere Tür. Nicht nur Britta hielt den Atem an. Für den Bruchteil einer Sekunde war es totenstill, dann ging ein Aufschrei durch die Menge, als ein dunkler Haarschopf sichtbar wurde.
Brittas Herzschlag setzte aus. Sie glaubte ihren Augen nicht zu trauen. Das war nicht Orlando Bloom, der da in dunklem Anzug und Krawatte stand und ihnen zuwinkte. Es war Winnie.

Der Junge aus Hollywood

Britta schloss die Augen, öffnete sie wieder, schüttelte den Kopf, aber die Vision blieb: In voller Lebensgröße stand Winnie vor ihr und winkte ihr zu. Nein, nicht direkt ihr, sondern all den Mädchen um sie herum.

Er sah anders aus, erwachsener, in Anzug und Krawatte und den blank polierten Schuhen, aber es gab nicht den geringsten Zweifel, dass er es war. Britta wusste nicht, ob sie lachen oder weinen sollte. Auf die Gefahr, sich furchtbar zu blamieren, fragte sie das Mädchen neben sich: "Wer ist das?"

"What?", schrie ihr diese zu.

"Who's that?", fragte Britta erneut und deutete auf Winnie, der begonnen hatte Autogramme zu geben.

"I've no idea", erwiderte das Mädchen. "He's an **actor**, that's all I know. **They're promoting** this new film with ..." Der Rest ging in Gekreische unter.

Aber Britta hatte sowieso genug gesehen und gehört. Sie zwängte sich zurück zu ihrer Mutter, die geduldig auf sie gewartet hatte.

"Na, erfolgreich gewesen?", fragte sie freundlich.

"Wie man's nimmt", erwiderte Britta. "Autogramm

---

actor Schauspieler
they're promoting sie machen Werbung für

konnte ich keins ergattern. Und es war auch nicht Orlando Bloom."

"Oh, das tut mir leid", meinte ihre Mutter. "Wer war es dann?"

Britta zuckte die Achseln. "Keine Ahnung."

Und es entsprach ja der Wahrheit. Sie hatte absolut keine Ahnung, wer Winnie war. Ein Schauspieler, hatte das Mädchen gesagt. Na toll.

Als sie wieder zu Hause waren, fragte Britta: "Darf ich nachher kurz Roberts PC benutzen? Ich hab da heute einen interessanten Artikel beim Kinderarzt gelesen und müsste mal was nachschauen."

Sie bekam die Erlaubnis und setzte sich nach dem Abendessen ins Arbeitszimmer ihres Stiefvaters. Sie rief Google auf, gab "Winnie Hollywood actor" ein und startete die Suche. Es gab jede Menge Links. Britta klickte einige an, die jedoch nicht zu einem befriedigenden Ergebnis führten. Dann jedoch fand sie eine Seite, auf der ein Foto von Winnie abgebildet war und eine Art Lebenslauf stand:

Winston E. Kershaw, born 2005 in Los Angeles, California. Only child of Elizabeth and Shaun Kershaw (a ***former lawyer****, now his* ***manager****). Often* ***appears*** *as Win-*

---

former ehemaliger
lawyer Anwalt
manager Manager
appears erscheint

nie Kershaw or W. E. Kershaw. ***Started*** *his* ***career*** *at the* ***age*** *of four when* ***discovered*** *for* ***commercials****. Winston made his* ***debut*** *as an actor in the* ***highly acclaimed TV series*** Who's That **Next Door**? ***Listed*** *as one of twelve "****Promising*** *New Actors of 2016".*
In 2017 Winnie ***was offered*** *the* ***lead role*** *in a Hollywood movie, but he* ***turned it down****, saying he wanted to* ***finish*** *school* ***before taking on*** *lead roles.*
His father's family is from England, ***while*** *his mother is* ***South African****.*
Last year he hurt his right knee ***badly*** *while acting. His hobbies include singing and playing the piano.*

---

started hat angefangen
career Karriere
age Alter
discovered entdeckt
commercials Werbespots
debut Debut
highly acclaimed hochgelobte
TV series Fernsehserie
next door nebenan
listed steht auf der Liste
promising vielversprechend
was offered (ihm) wurde angeboten
lead role Hauptrolle
turned it down hat sie abgelehnt
finish beenden
before taking on bevor er annimmt
while während
South African Südafrikanerin
badly schlimm

Es gab noch weitere Informationen zu seiner Familie. Auf einer Seite entdeckte sie den Hinweis, dass er derzeit auf Promotiontour für seinen neuen Film war, der demnächst in den österreichischen Kinos anlaufen würde. Er spielte darin einen Taschendieb.
Britta musste wider Willen lachen. Genau über diesen Film hatte sie heute beim Kinderarzt gelesen. Hätte sie nur fünf Minuten mehr gehabt, wäre sie Winnies Geheimnis schon eher auf die Spur gekommen. Aber was machte das jetzt noch für einen Unterschied?
Sie loggte sich aus, fuhr den PC herunter und blieb nachdenklich vor dem Gerät sitzen. Kein Wunder, dass er sie so perfekt an der Nase herumgeführt hatte. Wahrscheinlich hatte er sich jeden Abend kaputt gelacht über das Mädchen, das so viele Fragen stellte, sich aber so leicht für dumm verkaufen ließ.
Aber wie war das mit den Diebstählen? Die waren nun mal eine Tatsache, die sich nicht verleugnen ließ. Immerhin hatte sie ihn beim Stehlen beobachtet, am Filmset im Prater …
Britta schlug sich gegen die Stirn. Sie war ja so blöd! Natürlich: Winnie gehörte zum Set. Vermutlich hatte er für eine Rolle geübt. Sie grinste. Das war eine gute Erklärung.
Doch sofort kamen ihr wieder Zweifel. Was war mit dem Diebstahl im Hotel Sacher und mit dem in der Oper? Winnie hatte die Gelegenheit. Hatte er auch

ein Motiv? Man las ja immer wieder von Schauspielern, die ihr Leben als Star nicht mehr aushielten und dann anfingen zu trinken oder Drogen zu nehmen. Manche klauten. Winnie auch?
Britta konnte es sich nicht vorstellen, doch was hieß das schon? Sie kannte den Jungen aus Hollywood doch gar nicht.
Ein Straßenjunge. Ha! Vermutlich lag er jetzt gerade in seinem weichen Bett in einer der Suiten im Hotel Sacher und schlürfte eisgekühlte Limonade. Deshalb die Mädchen, die ihn um ein Autogramm gebeten hatten. Deshalb seine Unkenntnis der deutschen Sprache. Alles Lüge!
Britta verspürte große Lust, etwas kaputt zu schlagen, beherrschte sich aber. Sie würde die Episode mit Winnie einfach vergessen.
Doch so einfach war das nicht. Ständig kamen Erinnerungen an witzige Situationen hoch: Wie sie vor der dicken Frau am Prater davongerannt waren, Winnie als Touristenführer, Winnie am Klavier im Proberaum der Oper, Winnie im Kino …
Schluss damit. Britta ging auf die Suche nach ihrer Mutter. Sie fand sie schlafend auf dem Sofa. Britta holte eine Decke und legte sie über sie, schlich sich zurück in ihr Zimmer und schaute fern. Aber kein Film konnte sie genug fesseln, dass sie nicht immer wieder an Winnie dachte. Wütend schaltete sie den Apparat ab.

Am liebsten hätte sie diesem Typen mal so richtig die Meinung gesagt. Aber warum tat sie das nicht einfach? Sie könnte ihn anrufen. Ach, das war lächerlich, man würde sie doch gar nicht durchstellen.
Minutenlang saß Britta auf ihrem Bett und starrte vor sich hin. Sie wollte es nicht zugeben, aber ihr war klar, dass Winnie diese Spielchen nur mit ihr hatte spielen können, weil sie es nicht anders gewollt hatte.
"Na toll", knurrte Britta leise. "Jetzt bin ich noch selbst schuld." Aber sie musste doch lachen.
Entschlossen stand sie auf, holte Telefon und Telefonbuch und suchte die Nummer des Hotel Sacher.

Man würde sie höchstwahrscheinlich abwimmeln, aber sie musste es wenigstens versuchen.
Zitternd wählte sie die Nummer, legte aber beim ersten Klingeln schnell auf. Nein, sie konnte das nicht. Sie wählte erneut, hielt den Hörer tapfer in der Hand, lauschte auf den Spruch am anderen Ende, räusperte sich und sagte dann: "Um, yes, excuse me. I would like to speak to Winston Kershaw, please."
"Who's speaking, please?", kam die Antwort.
"Äh ... my name's Britta, I'm a friend of his."
"One moment, please. I'll **connect** you."
Verblüfft schaute Britta die Wand an. Panik schoss

---

connect verbinden

durch sie hindurch. Das meinten die jetzt nicht ernst, oder? Oh Gott, was sollte sie nur sagen?
"Hello?"
Eine dunkle männliche Stimme. Britta schluckte und war nahe dran, sofort aufzulegen. Doch diese Gelegenheit würde nie wieder kommen. Sie räusperte sich und sagte: "My name is Britta Schaub. I'd like to speak to Winston Kershaw, please."
"Hold on a second", sagte der Mann, dann erklang plötzlich Winnies vertraute Stimme.
"Hi, it's me. Britta", sagte sie und musste sich schon wieder räuspern.
Er schwieg so lange, dass Britta schon fürchtete, die Leitung sei unterbrochen. Doch gerade, als sie "Hello?" sagen wollte, lachte er leise und sagte: "**I've been expecting your call.**"

I've been expecting your call. Ich habe deinen Anruf erwartet.

Fair Play

Britta wurde nicht aufgehalten. Vor dem Hotel standen immer noch kleinere Gruppen von Mädchen, die aufgeregt nach oben blickten, die Digitalkamera schussbereit, Block und Stift im Handtäschchen. Der rote Teppich war verschwunden, die Aufregung nicht.

Britta strich sich über die Haare, aber die waren widerspenstig wie eh und je. Dann wischte sie sich die feuchten Handflächen an der Hose ab, wünschte, sie hätte doch das Kleid angezogen, fand sich selbst lächerlich. Winnie kannte sie in Jeans, warum also das Theater? Aber immerhin war er ein Hollywoodstar, da durfte es schon etwas schicker sein.

Sie kannte den Weg. Die Suite, die Winnie angeblich erschlichen hatte, war seine eigene. Mistkerl. Vor der Tür stand ein junger Mann in dunklem Anzug und mit einem kleinen weißen Knopf im Ohr. Es war der Typ, der neulich den Servierwagen ins Zimmer gefahren hatte. Britta gab ein grunzendes Geräusch von sich. Winnie hatte wirklich gute Mitarbeiter, das musste man ihm lassen.

"**Miss** Britta", sagte der junge Mann und hielt ihr die Tür auf.

---

fair play faires Spiel
Miss Fräulein

Britta musste wider Willen kichern. Winnie hatte auf dem Sofa gesessen, sprang aber auf, als sie den Raum betrat. Es hatte sich kaum etwas verändert, von einer riesigen Obstschale auf dem Tisch mal abgesehen. Neben dem Tisch stand ein silberner Servierwagen mit Geschirr darauf. Der Sicherheitsmann schloss die Tür hinter ihr. Winnie räusperte sich.
"Hi", sagte Britta.
"Hi", erwiderte Winnie. Er grinste und kam näher. Britta schaute sich um, als hätte sie das Zimmer noch nie gesehen.
"So, you're a movie star", sagte sie schließlich.
"Um, yes", gab Winnie zögernd zu.
"From Hollywood."
Winnie nickte. Er ging zum Tisch zurück und deutete auf den Servierwagen. "I thought you'd like some hot chocolate?"
Britta hätte lieber etwas Kaltes getrunken, nickte aber. Winnie schenkte zwei Tassen ein, und Britta wurde das Gefühl nicht los, dass er noch nervöser war als sie.
"**I'm afraid** I've only got thirty minutes", sagte Winnie entschuldigend, als er ihr die Tasse reichte.
"You said so on the **phone**", meinte Britta und setzte sich in den Sessel. Schweigend nippten sie an ihrem Getränk.

I'm afraid ich fürchte
phone Telefon

"**Fire away**", sagte Winnie plötzlich.
"What?", fragte Britta erschrocken.
"Ask your questions", erklärte Winnie. "I'll answer all of them, I promise."
Britta machte "Hmm". Irgendwie wollte ihr gerade keine einzige Frage einfallen. Es war doch irgendwie alles so klar, jetzt, wo sie wusste, wer Winnie war. Dann fiel ihr doch eine ein:
"What were you doing in the Prater?"
Winnie lächelte. "**I was paying my director a visit.**"
Britta schaute ihn verwirrt an. "I don't understand."
"The film set", sagte Winnie. "It's **the same** director who made my movie. I was curious about the new movie."
"But why did you steal from your **colleagues**?", rutschte es Britta heraus.
Winnie lachte laut. "So you saw me, did you?"
Britta nickte.
"Old **habit**", erwiderte Winnie und grinste. "I played a thief in the movie and I **trained** a lot to

---

Fire away. Schieß los.
I was paying my director a visit. Ich habe meiner Regisseurin einen Besuch abgestattet.
the same dieselbe
colleagues Kollegen
habit Gewohnheit
trained habe trainiert

learn how to steal. I just wanted to see if I still could." Er schüttelte lachend den Kopf und seine Zöpfe flogen. "**Apparently** I can't."
"But you **took** something from the bags", widersprach Britta.
"Yeah, sure", gab Winnie zu. "But I'm supposed to do it **without anybody noticing**." Plötzlich schaute er sie ernst an. "You don't believe I'm a real thief, do you?", wollte er wissen.
Britta zögerte. Was sollte sie darauf antworten?
"A brooch was stolen when we were at the Opera", sagte sie dann. "A brooch that belongs to a pirate costume."
"I see", meinte Winnie leise.
"And there was a **theft** here at the hotel two days ago." Britta schluckte, aber jetzt war es wenigstens raus.
"Oh", war Winnies einziger Kommentar.
"I – I don't want to believe you're a thief", begann Britta. "But what I saw …" Verwirrt schwieg sie.
"I see", sagte Winnie erneut. Er sprang auf und begann im Zimmer auf und ab zu tigern. "**Even** if I tell

apparently offensichtlich
took hast genommen
without anybody noticing ohne dass jemand es merkt
theft Diebstahl
even selbst

you I'm not a thief you won't believe me, right? What chance do I have?"
Britta zuckte nur mit der Schulter.
"Why did you tell me you were living on the street?", fragte sie schließlich.
"**Honestly**? I don't know. It **popped into my mind** when you asked me", sagte Winnie. "I only wanted to **cheer you up**. You looked so sad ..."
Die Tür zur Suite ging einen Spalt auf und ein Mann mittleren Alters steckte den Kopf durch.
"**Time's up**, Winnie, I'm sorry", sagte er.
"I know, Dad, I know. Give me five more minutes, okay?" Der Kopf verschwand, doch bevor die Tür sich schloss, rief Winnie: "Dad?" Der Kopf seines Vaters tauchte wieder auf.
"Um, can we please **cancel** the next **appointments**?" Er hob beschwichtigend die Hände, als sein Vater etwas einwenden wollte. "I know, I know, it's **important** for my career. But I think this ...", er deutete auf Britta, "... is more important. I need to **clear something up**."

---

honestly ehrlich
popped into my mind ist mir eingefallen
cheer you up dich aufmuntern
Time's up. Die Zeit ist um.
cancel absagen
appointments Termine
important wichtig
clear something up etwas aufklären

"How long will you need?", fragte Mr Kershaw zurück.
"A week?", sagte Winnie grinsend und ergänzte schnell: "An hour? Is that okay?"
Mr Kershaw schaute zu Britta, zögerte kurz, sagte dann: "You'll get **another** ten minutes, no more, **is that understood?**"
"Yes, Dad."
Die Tür schloss sich.
Britta hatte den Dialog mit angehaltenem Atem ver-

---

another *hier:* noch (einmal)
Is that understood? Haben wir uns verstanden?

folgt. Sie hatte keine Ahnung, was Winnie vorhatte.
Er wandte sich ihr zu. "Okay, let's check the details."
"What details?"
"Of course it was no problem for me to come to my suite", sagte er und grinste. "But I had to ask my father to tell Gregor, the **security guy**, and I had to **tidy up** the room so it would look **empty**. That took me almost all the time I had." Er seufzte theatralisch. "No chance to **break into** another room and steal something."
Britta musste ihm recht geben.
"What about the Opera?", hakte sie nach. "You had the chance there. You were wearing the costume." Sie konnte sich den vorwurfsvollen Ton nicht verkneifen.

"You're right", gab Winnie zu. "But **I can't remember** a brooch. Are you sure it was with the costume I put on?"
Britta musste den Kopf schütteln. Nein, eigentlich wusste sie nur, dass eine Brosche gestohlen worden war.
"I'm sorry", sagte sie. "I was so **confused**, and I didn't know who you really were."

---

security guy Sicherheitstyp
tidy up aufräumen
empty leer
break into einbrechen in
I can't remember ich kann mich nicht erinnern (an)
confused durcheinander

"I'm the one who should be sorry", sagte Winnie ernst. "You shouldn't **lie** to people. But I really do love opera, and I would love to become a singer", fügte er hinzu. "That was the **truth**."
"Well, at least that's something", bemerkte Britta trocken.
"And I had a lot of fun those two days." Winnie lachte. "Sometimes I was so afraid we might **get caught**. But I loved it."
"You were afraid?" Britta konnte es nicht glauben. "I was afraid, too! But you're right, it was fun."
"It's funny", sagte Winnie lachend. "When they told me we were going to Vienna I thought it was a boring city, but I haven't had that much fun for a long time." Er sah sie ernst an. "Thanks to you."
Britta schluckte. Besser hätte sie es nicht sagen können.
Ein leises, aber unüberhörbares Klopfen ertönte.
"Time's up. Listen, I have to go." Winnie zog einen zerknitterten Zettel aus seiner Hosentasche und reichte ihn Britta. "Here's my phone number and my **private** e-mail address. Maybe we can **stay in touch**?" Er klang plötzlich sehr unsicher.

---

lie (to) (an)lügen
truth Wahrheit
get caught ertappt werden
private privat
stay in touch in Kontakt bleiben

Britta nahm den Zettel und steckte ihn in ihre eigene Hosentasche. Sie war beeindruckt. Wer hatte schon die Telefonnummer eines Hollywoodstars? Wenn sie das Alison erzählte …

"Thanks", sagte sie. "You have to go."

"Yes." Winnie nahm ihre Hände und schaute ihr tief in die Augen. "Thanks for everything. I'll never forget you." Er beugte sich vor und gab ihr einen Kuss auf die Wange.

Britta widerstand dem Drang zu lachen, stand einfach nur stocksteif da und fühlte ihre Wange brennen.

Der Sicherheitsmann begleitete sie zum Fahrstuhl und wünschte ihr alles Gute.

"Thanks", sagte Britta mechanisch und kämpfte mit den Tränen. Da hatte sie einen Freund gefunden, und schon war er wieder verschwunden. Das war nicht fair!

Halb blind stolperte sie durch die Hotelhalle hinaus ins blendende Tageslicht und stieß hart mit jemandem zusammen.

"He, kannst du nicht aufpassen? Göre!", schimpfte eine alte Frau.

Britta wollte sich entschuldigen, doch dann starrte sie der Frau mit aufgerissenem Mund hinterher, und sah wie sie im Hotel verschwand. Natürlich!

Haltet den Dieb!

Britta war wütend. Warum nur war sie nicht erst nach Hause gelaufen, hatte alles ihrer Mutter erzählt und war mir ihr zusammen zur Polizei gegangen? Aber sie wusste die Antwort: Ihre Mutter hätte ihr genauso wenig geglaubt wie der Polizist, dem sie jetzt schon zum dritten Mal die Geschichte von ihrem Zusammenstoß mit dem Mann vor dem Hotel Sacher erzählt hatte.
"Warum glauben Sie mir nicht?", fragte sie zum wiederholten Male. "Nur weil ich ein Kind bin? Interessiert Sie gar nicht, dass ich womöglich den Dieb gesehen habe? Wollen Sie keine Beschreibung von ihm?"
Britta wollte gerade aufgeben, als ein anderer Polizist sich einmischte. "Es kann ja nichts schaden, wenn wir der Sache mal nachgehen, oder?", sagte er zu seinem Kollegen und lächelte Britta freundlich an. "Kinder sind oft viel aufmerksamer als Erwachsene."
Britta lächelte dankbar zurück. Wenigstens einer nahm sie ernst. Sie gab ihre Personalien an und erzählte alles noch einmal. Sie erinnerte sich sehr genau an das Gesicht des Mannes und konnte eine detaillierte Beschreibung abgeben.
"Ich habe erst nicht drauf geachtet, aber finden Sie es nicht auch merkwürdig, dass ein Mann ein Kosmetiktäschchen in der Handtasche hat?" Sie schloss die

Augen, um ihre Gedanken und Erinnerungen zu ordnen. “Sogar die Tasche war eine Frauenhandtasche”, sagte sie. “Kein Mann würde freiwillig mit so einer Tasche herumlaufen.”

“Vielleicht war es die Tasche seiner Frau?”, schlug der skeptische Polizist vor.

“Vielleicht”, gab Britta zu. “Aber der Typ hat sich wirklich seltsam verhalten. Schon im Aufzug wirkte er so eigenartig. Und dann die Handschuhe. Wer trägt im August Handschuhe? Natürlich war er wütend, weil ich ihn angerempelt habe, aber er hat mich auch regelrecht geschubst, als ich ihm helfen wollte. Das ist doch nicht normal.”

“Wir gehen der Sache nach”, versprach der freundliche Beamte und bat einen Kollegen Britta nach Hause zu fahren.

Zum Glück war die Gartengasse leer, sodass es niemandem auffiel, als Britta aus dem Streifenwagen stieg. Sie bedankte sich und lief zur Haustür. Plötzlich fiel ihr noch etwas ein.

“Hallo?”, rief sie zum Wagen, der gerade wendete. Einer der beiden Beamten öffnete das Fenster.

“Er sprach Österreichisch”, rief Britta ihm zu. Der Beamte nickte zum Zeichen, dass er verstanden hatte.

Britta stieg schweren Herzens die Treppe hoch zur Wohnung. Ihre Mutter stand mit besorgter Miene in der Tür.

“Hallo, Mama”, sagte Britta kleinlaut.

"Dein Vater hat Recht", sagte ihre Mutter und seufzte. "Du bist ganz schön erwachsen geworden. Und ich bin mir nicht sicher, ob mir das gefällt."
Britta sagte nichts, sondern ging ins Wohnzimmer, setzte sich aufs Sofa und wartete, bis ihre Mutter sich ebenfalls gesetzt hatte. Dann schenkte sie ihr reinen Wein ein, von Anfang an und schonungslos. Natürlich war ihre Mutter alles andere als begeistert, dass Britta sich zwei Tage mit einem wildfremden Jungen herumgetrieben hatte, noch dazu mit einem, den sie für einen Dieb gehalten hatte.
"Britta, Britta", sagte sie, aber Britta hörte am Ton, dass ihre Mutter eigentlich stolz auf sie war. "Und wie geht es jetzt weiter?"
"Keine Ahnung", erwiderte Britta. "Ich bin mir nicht sicher, ob sie wirklich etwas unternehmen."
"Ich meinte eigentlich mit Winnie", sagte ihre Mutter leise.
Britta schaute sie verblüfft an. Was sollte da weitergehen? Sie war in München, Winnie in Hollywood, wie sollten sie da in Kontakt bleiben? Sie zuckte die Achseln. "Er hat mich sicher morgen schon vergessen", sagte sie.
"Wart's ab", meinte ihre Mutter nur und ging ins Kinderzimmer, wo Kevin zu weinen begonnen hatte. Britta schaltete den Fernseher ein und zappte sich durch die Programme. Bei einem Lokalsender blieb sie hängen.

"Mama, komm doch mal", rief sie aufgeregt. "Winnie ist im Fernsehen."
Es war eine Pressekonferenz. Winnie saß neben seinem Vater am Rande eines langen Tisches. Er spielte ja nur eine Nebenrolle in dem Film.
"Wer sind die anderen?", wollte ihre Mutter wissen, als sie sich mit Kevin auf dem Arm neben sie setzte.
Britta zuckte die Achseln. "Keine Ahnung, die kenne ich nicht. Die sind viel zu alt für mich", fügte sie grinsend hinzu.
Ihre Mutter lachte mit.
"Listen", rief Britta, als die Kamera auf Winnie gerichtet wurde.
"How do you like Vienna, Mr Kershaw?", fragte eine weibliche Stimme.
"I like it very much. Vienna's a beautiful city", sagte Winnie höflich.
"Das sagt er sicher in jeder Stadt", meinte Brittas Mutter.
"Pssst", machte Britta.
"And who was the young lady **you were seen with** here **the last two days**?"
Die Spannung im Wohnzimmer stieg ins Unermessliche.
Winnie zögerte mit der Antwort, sagte dann: "She's

---

you were seen with mit der Sie gesehen wurden
the last two days in den letzten beiden Tagen

a very **close** friend who **showed me around** and made this **stay a special one**. Please understand that this is a **strictly private matter**."

"Hmpf", machte Britta, um ihre Rührung zu verbergen.

"Er ist wirklich nett", sagte ihre Mutter.

"Er ist Schauspieler", wiegelte Britta ab, aber sie war mächtig stolz. Egal, ob es ernst gemeint war oder nicht, er hatte es vor aller Welt gesagt.

Die Pressekonferenz dauerte noch ein paar Minuten, dann wurden Ausschnitte aus dem Film gezeigt, in dem man Winnies Fertigkeiten als Taschendieb bewundern konnte.

"Kein Wunder, dass ich darauf hereingefallen bin", seufzte Britta.

"Und er sieht ziemlich gut aus", meinte ihre Mutter leichthin.

"Was willst du damit sagen?", brauste Britta auf.

Ihre Mutter lachte verschmitzt. "Nichts. Ich finde, er sieht gut aus. Punkt."

Britta stimmte in das Lachen ein.

Die Pressekonferenz war gerade vorbei, als das Telefon klingelte. Die Polizei war dran. Brittas Mutter

---

close eng; nah
showed me around hat mir die Stadt gezeigt
stay Aufenthalt
a special one (zu) einem besonderen
strictly private matter streng private Sache

sagte ein paar Mal "Aha" und "Ich verstehe" und schließlich: "Ja, ich richte es ihr aus."
"Was, was, was?", fragte Britta, als sie aufgelegt hatte.
"Sie haben eine heiße Spur", sagte ihre Mutter. "Dank deiner exakten Personenbeschreibung verfolgen sie einen Mann aus ihrer Kartei. Er ist flüchtig, aber sie sind überzeugt, ihn bald zu fangen."
"Hmm", sagte Britta, aber sie war unheimlich stolz. Wenn die Polizei den Dieb fasste, wäre das bereits der dritte Kriminalfall, bei dessen Lösung sie mitgeholfen hatte. Und sie hatte den armen Winnie verdächtigt.
Als Robert nach Hause kam, herrschte das totale Chaos. Die Presse hatte irgendwie Wind davon bekommen, dass sie Winnies geheimnisvolle Begleiterin war. Pausenlos klingelte das Telefon.
"**What's going on here?**", fragte Robert verblüfft.
"I'm afraid we have a famous daughter", sagte Brittas Mutter lachend und erzählte ihm eine Kurzversion von Brittas Erlebnissen.
"You went to the Opera?"
Britta nickte. Kam jetzt ein Donnerwetter? Aber Robert lächelte.
"I thought you didn't like opera music."
"Well, we didn't listen to the music", sagte Britta und grinste.

What's going on here? Was ist denn hier los?

"By the way", meinte Robert, "we **found** the brooch. Do you remember? We thought it had been stolen but **in fact** it had just **slipped** between the **floorboards**. I'm so **glad** we found it again."

Nach dem Abendessen saßen sie zusammen im Wohnzimmer, und Britta musste immer wieder von Winnie und dem Hoteldieb erzählen. Kurz nach neun klingelte das Telefon. Robert nahm ab, sagte wie Brittas Mutter vorher ein paarmal "aha" und reichte dann den Hörer an Britta weiter.

"Hallo, Britta", sagte der nette Polizist vom Revier. "Ich wollte dir nur mitteilen, dass wir den Mann gefasst haben, auf den deine Beschreibung passt. Er behauptet jedoch, er sei an dem Tag gar nicht in Wien gewesen. Kannst du morgen ins Präsidium kommen und ihn identifizieren?"

"Ja, natürlich mache ich das", sagte Britta. Sie notierte sich Adresse und Uhrzeit und legte dann auf.

Ihre Mutter und Robert schauten sie erwartungsvoll an.

"**Looks like** I'm going to be the new Miss Marple", sagte Britta lachend.

---

found haben gefunden
in fact in Wirklichkeit, tatsächlich
had slipped war gerutscht
floorboards Dielen
glad froh
looks like es sieht so aus, als ob